マンガで知る！

初めての介護

—大切な人に必要となったとき、最初に読む本—

漫画
了春刀

監修・文
太田差恵子

集英社

マンガ

- **第1話** 介護のはじまり …………3
- **第2話** 要介護認定と要介護度 …………25
- **第3話** 介護事業者とケアマネジャー …………49
- **第4話** ケアプランと介護サービス …………76
- **第5話** 介護事業所との契約 …………103
- **第6話** 訪問介護員（ヘルパー・ホームヘルパー）…………123
- **第7話** 訪問診療・訪問看護 …………153
- **第8話** 介護とは …………171

解説

1. 突然、親が入院！ 子がするべきこととは …………22
2. 介護保険の認定を受けよう …………46
3. ケアマネジャーの選び方・替え方 …………72
4. 介護保険に欠かせない「ケアプラン」…………99
5. サービス利用を嫌がる親対策 …………120
6. さまざまな居宅介護サービスを上手に活用 …………149
7. 医療費や介護費の負担軽減制度とは …………167
8. 無理のない介護をめざそう …………192

デザイン・束野裕隆

★本書は漫画家・了春刀の体験を元に描かれた作品です。ただし、実在の人物・団体・事件にはいっさい関係ありません。
★本書で紹介している諸制度や支給額などの金額は2015年12月現在のものです。法改正などにより変更になる場合があります。

課長 企画書の直し できました！
お―― どれどれ？
おぉ バッチリ ありがとう
自分の名前は 渡瀬《わたせ》正志郎《せいしろう》 40歳
先週 15年勤めている この会社で 課長に就任した
1年前 大きな プロジェクトの失敗で かなり会社は かたむいたけど
プロジェクト
重要
UP
社員一丸となって なんとか盛り返す 事ができた

課長！
週末みんなで
集まるんですが
いかがですか？
お いいね いいね
もちろん行くよ！
今は俗に言う
独身貴族を
謳歌していた
本当ですか！
よかったぁ！
何 モテてるんすか〜
それで独身なんて
考えらんないっすよ！
？
ピ
ピ
03-XXXX-1234
そんな時
だった——
……………？
知らない番号だ…
誰だ？

はい！渡瀬ですが
ピッ
チャッ
こちら○×総合病院の田辺《たなべ》と申しますが
お父様が先ほど倒れられ・・・救急車で運ばれまして
できれば すぐに来ていただきたいんですが…

第1話 介護のはじまり

父親の名前は
渡瀬《わたせ》正造《しょうぞう》
80歳
年金生活
口癖は――
ワシは他の老人とは違う！
と軽く「厨二病」をわずらっているw
まあ確かに80歳で自転車を当たり前のように乗りまわしていたので
うぉりゃああああ
あながち嘘でないとも言える

呆けたところは
微塵もなく
ズビシッ
飲み物しまい
忘れとる！
逆に こちらが
物忘れを指摘
されるくらい
頭ははっきりしている
日課は
母の仏壇を
守る事
ゴシ ゴシ
妻（母）は
7年前に
脳梗塞で他界
子供は自分ひとりで
40歳の時の子
今から見ると
年の差婚の先がけ
とも言える
息子の仕事の
邪魔はしたくないと
独居を選び
〇×総合病院
整形外科
入院病棟
身の回りの事は
すべて自分で
していた

オヤジ!!
ガラッ
せ……
正志郎か？
すまんなぁ…
仕事中だったろ？

お前の邪魔だけは仕事の
したくなかったんじゃがな…
すまんな…
痛だだだだだだ
ズキッ
オ…オヤジ!!
息子さんですか?
整形の先生がお話があるそうですどうぞこちらへ
は はい
整形外科準備室
買い物の途中で背中に痛みを感じて動けなくなって
こちらに運ばれてきたようです
それで 検査をしたところ…

背骨第3腰椎を圧迫骨折されています
1~3ヶ月の入院が必要かと思われます
ただ…
年齢も年齢ですので骨折が治ったとしても
入院中に筋肉が衰えて
元のように歩けるかどうか…
最悪──起きあがるのも困難になる事があります

あの元気だった
オヤジが…
こんな事で
寝たきりになる!?
ウソだろ!?

介護保険の申請はされていますか？
え？
「介護保険」……ですか？

介護ポイント

介護保険

介護保険
とは——

市区町村が運営する
社会保障制度の1つで

介護が必要な
高齢者の自立を
支えるための
公的保険です

介護保険により「介護サービス」を
利用する事で　高齢者本人と
その家族の負担を軽減する
ことができます

介護サービスを利用した場合
費用の1割（所得が多い場合は2割）
を利用者が負担し　残りは
介護保険から給付されます

介護保険の保険料は
40～65歳未満の方は
健康保険料から徴収され
65歳以上の方は原則年金から
差し引かれます

ひとりでする
介護は大変です
保険を上手に
活用しましょう

すいません
申請しているかどうかもわからなくて
そうですか今後の事も考えて早目に確認された方がいいと思いますよ
お近くの区役所の相談窓口や
「地域包括支援センター」で
申請と申請の確認ができますから行ってみてください
オヤジ…
先生何か言ってたか？
治るって？

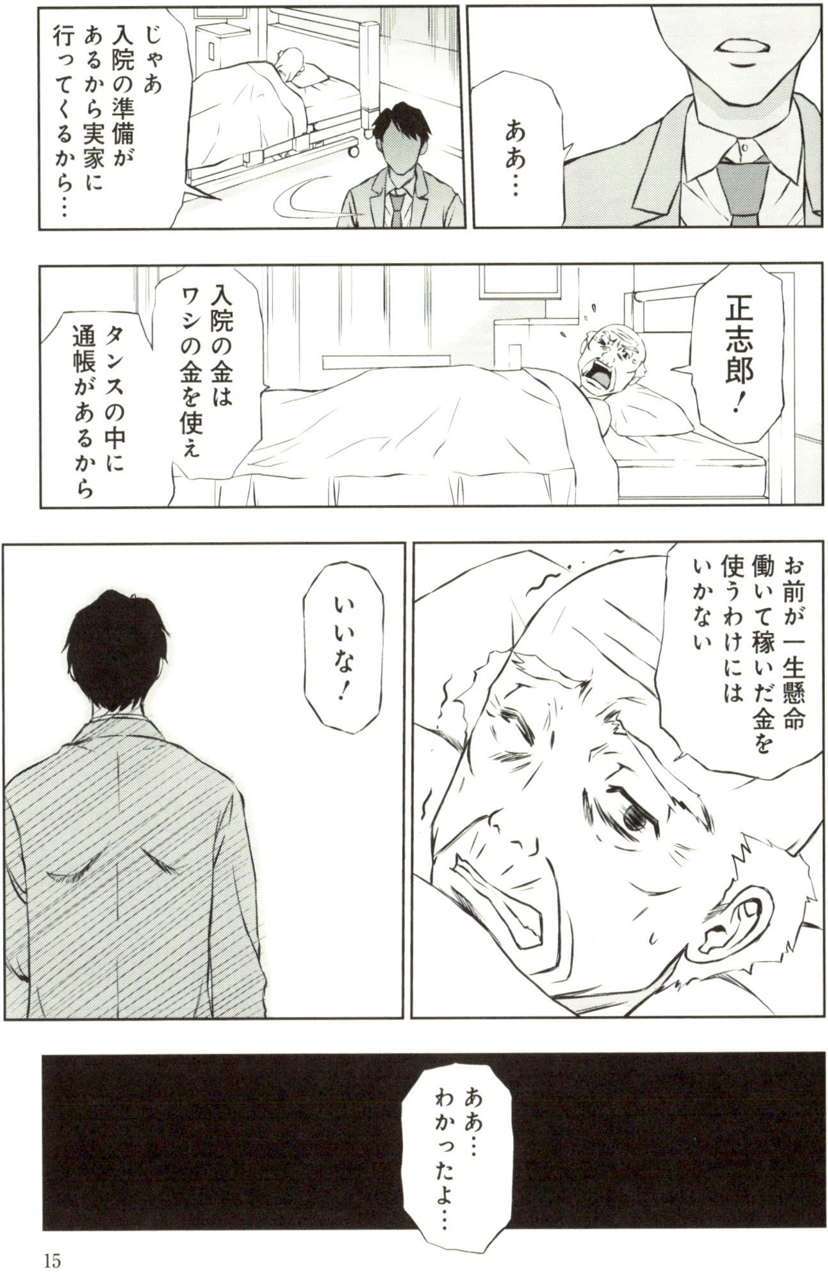
ああ…
じゃあ入院の準備があるから実家に行ってくるから…
正志郎！
入院の金はワシの金を使え
タンスの中に通帳があるから
お前が一生懸命働いて稼いだ金を使うわけにはいかない
いいな！
ああ…わかったよ…

30
介護か……
何も考えてこなかったな…
仕事はどうなるんだろう
自分の自由な時間は？
お金とかは？
どうなるんだ……
オレの生活……

ない…
ない
通帳 どこにあるんだよ！
あった！これか？
パラ
パラ
5年前の通帳!?
なんで こんなのとってあんだよ…
……てか そもそもどの銀行を使ってるのか
どの銀行に年金が振り込まれているのか知らないじゃないか…
はは…まるで泥棒が入ったみたいだな…
グッ…

くそ…なんで
こんな事に…
眼科の領収書?
1年前のか…
東京都○×区○×1-
電話03ーXXXX-XXXX
○×眼科クリニック
!?
白内障の手術!?
オヤジ なんで
こんなこと内緒で…
はっ

1年前――
すまん オヤジ ちょっと家に 戻れねーわ
会社大変 なんだろ？
ワシの事は 気にするな 仕事がんばれ
ホコリ…あまり 見えてないのか…

はは…
オレ オヤジの事
なんにも
わかってないじゃないか…

オレは…なにを
自分の事ばかり…
一番辛いのは
オヤジなのに…
パン
ダメだ
このままじゃ
ダメだ！
なんとか
しないと！
こうして
知らない事ばかりの
介護の日々が
はじまったのです

解説1

突然、親が入院！　子がするべきこととは

高齢の親が突然入院したとき、何から手をつければいいのか分からなくて慌てます。まずは退院予定日を確認し、その後の「介護」に備えましょう。

介護は「情報戦」だと理解しよう

突然、親は倒れます。そして、それまで「介護」なんて他人事だと思っていたのに、気が付けば渦中にいる…、ということが往々に起こります。入院先に駆けつけて、弱った親の姿を見て心配になると同時に、現実的な不安が頭のなかを駆け巡るでしょう。入院前の生活に戻れるのだろうか？　もし、戻れないとすれば常に誰かが傍にいなければいけなくなるのでは…。自分は今まで通りの生活を続けることができるのだろうか？　思い悩んでいるだけでは、事態は好転しません。気持ちを前向きに立て直し、まずは情報を集めましょう。

医師に退院時期の見通しを確認することから始めてください。通常、入院期間は短く、思いのほか早く退院日を迎えることになります。最初の2週間は高い診療報酬がつきますが、その後は段階的に引き下げられるので、病院にとって利益にならないためです。

高齢の親の場合、退院後に在宅介護が必要になるケースが多いといえます。すぐに在宅復帰が難しい場合は、転院先を紹介してもらうことができるのか聞きましょう。介護保険を利用して入所する「介護老人保健施設（通称：老健）」も選択肢のひとつとなるかもしれません。３ヶ月ほどを目途に入所してリハビリを行い、在宅復帰を目指す施設です。

入院費用をどこから出すか

親の意思確認ができる状態であれば、入院費用をどこから出せばいいか聞きましょう。ただし、銀行に通帳と印鑑を持参しても、本人でない場合、委任状がなければお金をおろすことはできません。キャッシュカードの保管場所と暗証番号を教えてもらいましょう。本来、元気なときに聞いておけばスムーズなのですが（入院した際、意思確認できないケースもあるので）、親の金銭書類を見るのであれば、この際、当面必要なお金のことだけでなく、蓄えや月々の年金額についても確認しておくと安心です。今後転院するにも、在宅で介護するにも、お金がかかります。予算がどれくらいあるかを知らなければ、サービス利用の計画を立てることができません。

さらに、民間の入院保険などに加入しているかどうかも聞き、保険証券を探して契約内容を確認しましょう。今回の入院でも、民間保険がおりる可能性があります。

分からないことは専門家に聞く！

退院後に介護が始まりそうな場合は、入院中に介護保険の申請を行います。申請のタイミングは医師や看護師に聞いてもいいですし、ある程度の規模の病院なら「医療ソーシャルワーカー」という相談員が配置されているので気軽に相談できます。

医師や医療ソーシャルワーカーの勧めで介護保険を申請することになったら、親の住所地を管轄する「地域包括支援センター」に電話するか、直接行ってみましょう（所在地は市区町村役所に問い合わせれば教えてくれます）。高齢者が住み慣れた地域で安心して暮らせるよう対応する総合相談窓口です。高齢者本人だけでなく家族の相談にものってくれ、介護保険の申請もサポートしてくれます。相談料は無料です。

介護保険のサービスだけでなく、自治体が独自に行うサービスの利用についても情報提供してくれます。例えば、在宅で緊急時に通報できる「緊急通報システム」や「配食サービス（食事の宅配サービス）」などを利用できる可能性もあります。自治体のサービスは補助があるので利用者が負担する費用が安く済みます。

初めての体験で困惑することも多いでしょうが、専門家に相談し行動することで、ひとつずつ課題を解決していくことができるはずです。

第2話 要介護認定と要介護度

2016年1月からのマイナンバー制度開始に伴い、介護保険の申請には原則として被保険者のマイナンバー（個人番号）を記載する必要があります。

介護ポイント

地域包括支援センター

介護保険の申請や
申請の確認が
できるところ

そして高齢者の
生活 介護等の
様々な相談に
のってくれるところでも
あります

地域包括支援センターは
役所内に併設されていたり
単独で設けられて
いたりします

どこにあるか
わからない場合は
お近くの役所にたずねれば
教えてもらえます

申請をしに行く場所は
介護を必要とする方
本人がお住まいの市区町村の
センター 役所になります

マンガの中で言うと
お父さんの住所地の市区町村

ちなみに名称は
市区町村によって愛称を使用して
いたりするので注意

「高齢者総合相談センター」
新宿区

「長寿サポートセンター」
江東区

「高齢者支援センター」
相模原市

「○×市○×地域ケアセンター」

等があります

はい 申請書の記載ありがとうございます
2週間以内に調査員から連絡がいくと思いますのでよろしくお願いします
調査？
はい お父様の体の状態を知るための調査になります
介護サービスを受けるにはまず――
「要介護認定」
というのが必要になります

「要介護認定」とは
「お父様には支援や介護が必要だ」と認めてもらうことです
ふんふん
認められたら次に――
お父様がどの「要介護度」に当てはまるかを決める事になります
？
「要介護度」ってなんですか？
「要介護度」とは
介護が必要な方の体の状態を7つに分類したものの事です
はい これが表です どうぞ

ヒメキチの
介護ポイント

要介護度区分別　身体の状態（目安）

要支援1	日常生活の能力は基本的にあるが要介護状態とならないように一部支援が必要
要支援2	立ち上がりや歩行が不安定 排せつ 入浴等で一部介助が必要であるが身体の状態の維持または改善の可能性がある
要介護1	立ち上がりや歩行が不安定 排せつ 入浴等で一部介助が必要
要介護2	起き上がりが自力では困難 排せつ 入浴等で一部または全介助が必要
要介護3	起き上がり 寝返りが自力ではできない 排せつ 入浴 衣服の着脱等で全介助が必要
要介護4	日常生活能力の低下がみられ 排せつ 入浴 衣服の着脱等多くの行為で全介助が必要
要介護5	介護なしには日常生活を営むことがほぼ不可能な状態 意思伝達も困難

ちなみに介護を必要とする方の「要介護度」がどこに当てはまるかによって
「受けられるサービス」「保険で使える金額」が変わってきます

なるほど
その「要介護認定」と「要介護度」を
調査しにくるという事なんですね！
調査のあと「要介護度」が決定するまでに1ヶ月くらいかかりますので
長っ
もし すぐにでも介護保険を利用したい時はセンターにご連絡ください
お父様は現在入院中という事なので
調査は病院で行いますね
病院へはこちらから連絡しておきます
あらっ お父様が入院されている病院の名称と住所が抜けていますね
それと主治医の先生の名前はわかりますか？
あっ
あとで調べて連絡します！
バタバタしてて忘れました～

連絡が入り 家族立会いのもと 調査をすることになった
そして 調査当日――
○×総合病院
調査員の 間渕《まぶち》と申します
今日は よろしく お願いします
では早速ですが 74の質問を させていただきます
多っ
多いの
あんた 書いといて くれんかの?
ダメですよ
多いの
では お聞きしますね
着衣の着脱の方は どうですか?

ちゃくちゃく？
…………なんだって？
着衣の着…
は？
わからん！
うへぇ…
こんなの74回も続けるのか…
すいません ちょっとトイレに行ってきます
マニュアル通りの質問なんだろうけど
あんな普段使わない言葉で質問なんて…
ジャー
あれじゃボケてると思われてもおかしくないいな
要介護度も上がったりして…
それはないか…
タタタタ…
!
渡瀬正造
!
オヤジの病室!?

ウロ
ウロ
ウロ
ほら 見てくだされ ワシは歩けるんじゃ!
渡瀬さん ダメですよ ベッドに戻って!!
何やってんだ…

カチーン
何言っとる！見ただろ！ワシは歩けるんじゃ
寝てろ――っ!!!!
痛み止めの注射をうってるから痛くないだけで
骨折した所は固まってないんだよ!!
お前に何がわかるワシの体はワシが一番わかってる!!
わかってねーんだよ

すいません 動かないようにと 止めたんですが
高齢者の方の中には 「要介護」と 認定されるのが 恥ずかしいからと…
できない事を 「できる」と言って やってみせたりする 方がいるんです…
でも 安心してください
認定には 主治医の「意見書」と
家族の方が どのくらい介護に 手間がかかって いるか？も
調査の対象に なりますので
あちらで 詳しいお話を 聞かせて いただけますか？
フン！
正志郎！ お前 もう 来なくていいぞ！
あ？
課長が仕事 しなかったら 部下にしめしが つかんだろ…
だから もう 来るな！
そういうわけに いかない…

わかったな！
さっさと帰れ！
次の日の夜――
○×総合病院
この歩けるという
自信が――
タタ タタタ
問題を
起こした！

…………
これ……
なんですか？
急にひとりで
歩き回るようになりまして
病院としては仕方なく…

勝手に動いて
骨折が悪化したり
転倒とかの事故を
防ぐために縛ったのか…
病院の責任問題に
なるから
わからなくもないが…
けど これは…
何か違う!!
オヤジ…
正志郎……
病院に呼ばれたのか……
呼ぶなと
言ったのに…
すまんなぁ…
お前の仕事の
邪魔だけは
したくないと
思ってたのに
また 邪魔して
しもうた……
オヤジ
なんで そんなに
歩き回るんだ?
言われたん
じゃよ…
言われた?
何を?

歩かないで寝てばかりいた人が…
筋肉が弱くなって寝たきりになったって
誰がそんな事を！
同じ病室の患者さんじゃ…
キッ
寝たきりになれば…
正志郎の仕事の邪魔になる……
それだけはしないとお母さんと約束したんじゃ
オヤジ…

オヤジ――・・・先生がな
今は まだ骨が固まってないから歩く時じゃないって
骨が固まってからリハビリをやれば元通りに歩けるようになるって言ってたぞ!
先生が!
元に戻るかどうかは…
ズキッ
ウソになるのはわかってる
だけど今は動かさない事が最優先だ…
グッ

今回だけは何を言われても引かないぞ
根気よく説得する…
わかった！
え…
先生がいいって言うまで
歩かない！
お前の仕事の邪魔はしない…
あ ありがとう オヤジ…
この時はあっさりと納得してくれたなと思った……
後に知った事だが
このあとに会う〝ある人〟の話によると

この年代の人達は
〝先生〟と呼ばれる
人達――
代議士 弁護士
学校の教師など
権威のある人の
言葉には
素直に従うという
傾向があるそうだ
これは昔の日本の
そういう人達を
尊敬するという
文化からきている
という話だった
また こんな事が
あったら困るので
拘束する許可の
同意書を……
書きますが
もう必要はないと
思います……
はずしてやって下さい!!
この後歩き回る
事はなくなり
入院治療は順調に
進んでいった
そして
退院の日を
迎えた――

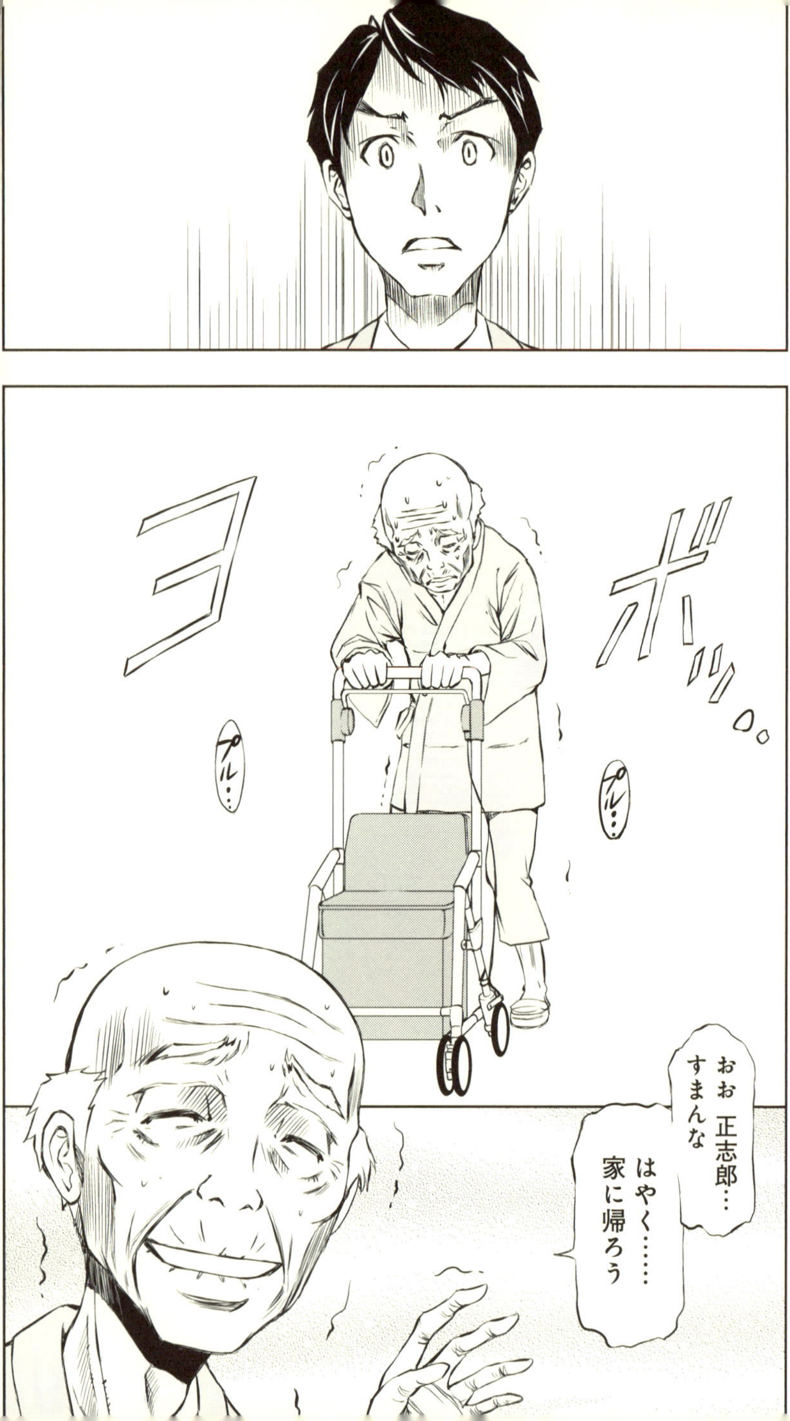
ヨボッ。。
プル…
プル…
おお 正志郎…すまんな
はやく……家に帰ろう

フラッ…
危なっ
ガッ
ツッ
!
細い……
ある程度
覚悟は
していたけど
………
2ヶ月前の
元気に自転車を
乗りまわしていた頃の
オヤジとは別人だ…
高齢者は
こんなにも早く
衰えていくものなのか…
その日の
オヤジの姿に
これからくる
大きな不安の
一部を
タクシー
呼ぶから
うん
うん
見たような
気がした…

解説2

介護保険の認定を受けよう

介護サービスを利用するためには、申請をして「支援や介護が必要な状態」と認定される必要があります。

介護保険を利用するには、まず「申請」

医療保険に「保険証」があるように、介護保険にも「保険証（介護保険被保険者証）」があります。65歳に到達した月に住所地の市区町村から交付されます。つまり、高齢の親であれば保険証を所持しているということです。

しかし、医療保険とは異なり、介護保険では被保険者証を持っているだけでは、サービスを利用することはできません。利用するためにはP48の図表のように、まず市区町村に「申請」をして、「支援や介護が必要な状態」と認定される必要があります。

介護保険の申請は、本人もしくは家族が行います。どちらも難しい場合は、親の住所地を管轄する地域包括支援センターなどに依頼すれば代行申請してくれます。

認定調査には付き添いが必須

申請を行うと、認定調査を行うために調査員が親の自宅、または、親の入院先を訪問します。この「認定調査」の日は、できる限り付き添うことをお勧めします。仕事などで都合がつかない場合は、日程を変更してもらいましょう。

親世代は「人様の世話になりたくない」といった我慢強さ、あるいはプライドなどから、できないことでも「できます」と答える傾向があります。付き添って、「本当はこういう状態なのです」と子から説明すれば調査票に特記事項として書き添えてくれます。親の普段の様子を事前にメモしておくとスムーズに調査員に現状を伝えることができるでしょう。ただし、別室で話すなど親の気持ちに配慮することも忘れずに。

一方、市区町村からかかりつけの医師に「主治医意見書」の記載を依頼します。疾病、負傷の状況などについて医学的な意見を求めるものです。こうして揃った「認定調査結果」と「主治医意見書」をもとに、「要介護度」が認定されることになります。

暫定的にサービスを利用することも

要介護認定の結果が通知されるまで1ヶ月程度かかります。その前に介護サービスを使い始めたい場合もあるでしょう。

認定がおりるまでの間、「認定がおりたものとみなして」暫定的にサービスを利用することもできます。ただし、利用者側が予期していた要介護度よりも軽い認定結果が出た場合は、超過した分の金額が全額自己負担になってしまいます。そこで、認定結果が通知される前は、利用するサービスは最低限にとどめておいたほうがいいでしょう。

　地域包括支援センターの担当者らとしっかり相談しながら進めたいものです。

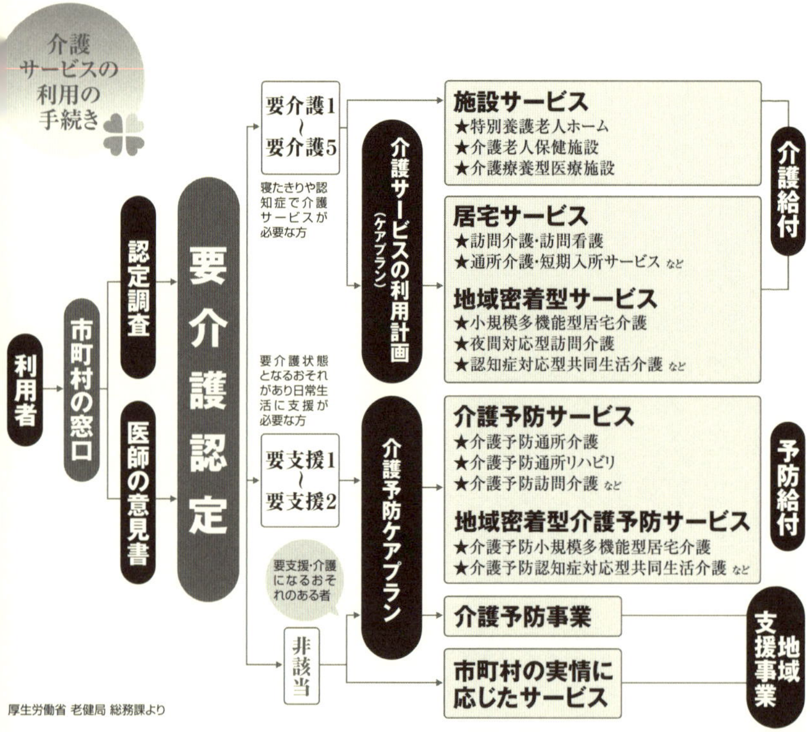
介護サービスの利用の手続き
利用者
市町村の窓口
認定調査
医師の意見書
要介護認定
要介護1～要介護5
寝たきりや認知症で介護サービスが必要な方
要介護状態となるおそれがあり日常生活に支援が必要な方
要支援1～要支援2
要支援・介護になるおそれのある者
非該当
介護サービスの利用計画(ケアプラン)
介護予防ケアプラン
施設サービス
★特別養護老人ホーム
★介護老人保健施設
★介護療養型医療施設
居宅サービス
★訪問介護・訪問看護
★通所介護・短期入所サービス など
地域密着型サービス
★小規模多機能型居宅介護
★夜間対応型訪問介護
★認知症対応型共同生活介護 など
介護予防サービス
★介護予防通所介護
★介護予防通所リハビリ
★介護予防訪問介護 など
地域密着型介護予防サービス
★介護予防小規模多機能型居宅介護
★介護予防認知症対応型共同生活介護 など
介護予防事業
市町村の実情に応じたサービス
介護給付
予防給付
地域支援事業

厚生労働省 老健局 総務課より

要介護認定の申請の際に提出した「介護保険被保険者証」に「要介護度」が記されて戻ってきた

要介護度は"4"だった

要介護4

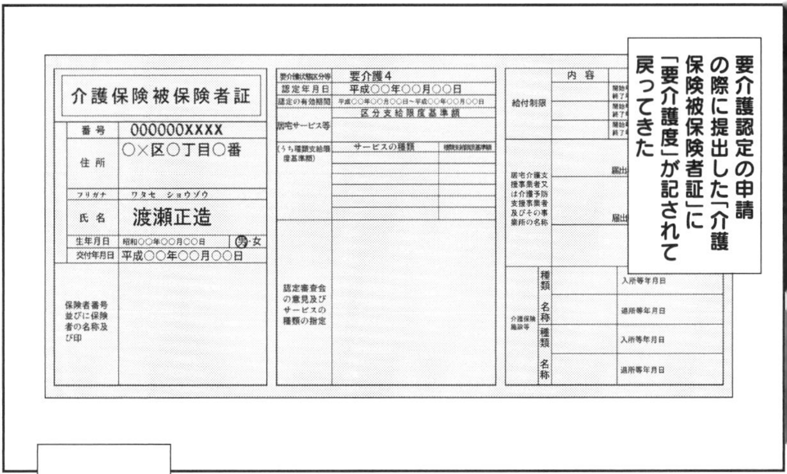

介護ポイント

介護保険被保険者証

介護保険被保険者証（要介護認定）の有効期間は
初回は原則6ヶ月
（状態に応じ3〜12ヶ月まで設定）
となります

その後 更新は原則12ヶ月
（状態に応じ3〜24ヶ月まで設定）
となります

高齢者の方は急に体調が変わることがあるので期間中であっても要介護度の変更申請ができます

第3話 介護事業者とケアマネジャー

この部分は漫画家了春刀の体験です。
他の病院で、このような実態があるとは限りません。

しかも
その時に患者が
集中するので
ひとりあたりの
リハビリの時間は
10分という事だった
家で動いてれば
リハビリになる！
たしかに
このまま家で
動いていた方が
体力は
回復しそうだな…
もしそうなら
オヤジの言う通り
ヘルパーはいらないかも
少し様子を
見てみるか…
わかった
オヤジの
言う通りにするよ
うん
もう会社行け
メシ
スーパーの弁当
買ってあるから
うん
早く会社行け！
とりあえず
少しの間
実家から会社に
通う事にした
○×駅
遠いな～～

ただいま
オヤジ 腰の状態は どうだ？
少し痛むが…
湿布を貼ったら 動ける
そうか…… なら よかった
よかった… このまま落ちついて くれるといいな…
課長 最近 やせましたね
お父さんの 入院中から何かと 呼びだされてた ものね

病院ですが吸い飲みをすぐ持ってきて下さい
すいのみ
吸い飲み…たしかデパートの介護コーナーで見たぞ！
すまん！会社午前中休む！
ダダダダ
コンビニ
病院の中のコンビニに売ってるのかよ！
ゼーゼー
病院ですが着替えがなくなったのですぐ替えを持ってきて下さい！
病院にパジャマのレンタルがある!?
それお願いします！
契約が必要だから来てくれ…
プルプル…
午前中休む！っていうのを何回かやってたからなぁ…
ダダダ
体こわさないといいですね…

ただいまー
今日はすっかり遅くなったなー
なんだ?
家のあかりがついてない…
もう…寝たのか?
タッ
ギィ…

オヤジ!!
どうした!?
お昼にトイレに行こうとしたら…
腰が急に痛くなって…
!
もらしてしまった…
いいから気にすんな!
すぐ救急車呼ぶからな!
ピーポー
ピーポー
ズッ

腰痛⁉
そんな…
普通の痛がり方じゃないですよ！
レントゲンを見たかぎりでは退院した時から変化はないいんですよね
今日は検査入院ということで泊まっていってもかまいませんが
腰痛では入院できませんのでよろしくお願いします
………………
ジャブ
ジャブ
ジャブ
ジャブ

やっと落ちてきた…
けど…親の下着を洗うのって
なんかくるなぁ…
小便が乾くと洗濯機じゃ落ちないなんて…
飲んでる薬のせいもあるのかな…
水
メシも水も少しも減ってない
1日飲まず食わずだったのか…
あんな所に半日…
暖かい日だからまだよかったけど…
もし これが真冬だったら…
オレひとりじゃムリだ…

オヤジ
ヘルパーさんを頼む事にしたから
これは もう決めたから…
…………
ワシは あまり感心しないがな
地域包括支援センターでもらったこの地区の介護事業者の一覧表
この中から選んでヘルパーさんを頼むんだったたな
実家から近い所がいいって言ってたな

介護ポイント

介護サービス事業者

要支援、要介護状態となった人に
自立した生活ができるように
様々な介護サービスを
提供する事業者

介護サービスは
大きくわけて
・居宅サービス
・施設サービス
の2つがあります

☆居宅サービスとは
自宅で生活をしながら
受けられるサービスの事

・訪問介護
・訪問看護
・訪問入浴介護
・訪問リハビリテーション
・通所介護（デイサービス）
・通所リハビリテーション等

☆施設サービスとは
特定の施設でサービスを
受ける事

・介護老人福祉施設
（特別養護老人ホーム）
・介護老人保健施設
・介護療養型医療施設

介護事業所「集英ケア」です
あの…ヘルパーさんをお願いしたいんですが…
介護保険の認定は受けられていますでしょうか？
はい
では担当のケアマネジャーはおられますか？
いえ

では
ケアマネジャーを
向かわせますので
明日は お時間
大丈夫でしょうか？
あ はい
大丈夫です
ピッ
ホッ
よかった…
なんとかなりそうだ
翌日——
担当させて
いただきます
ケアマネジャーの
裏原《うらはら》と申します
よろしく
お願いします

ヒメキチの

介護ポイント

介護支援専門員
通称〝ケアマネジャー〟

要介護認定を受けた方の「介護サービス計画書」（ケアプラン）を組んでくれる専門員

介護についての色々な相談にも乗ってくれます

その他にも他の介護サービス事業者や医療関係等との連絡や調整をしてくれます

きちんとサービスが実行されているか あるいは効果が出ているかの確認もしてくれます

ふむふむ…
お父様は「腰痛」と診断されましたか…
私が担当でラッキーでしたね！
ご安心下さい！
私 このような事例を何度となく救ってきましたからね

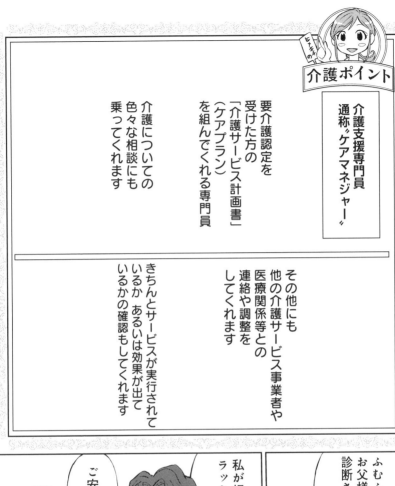

はぁ…
ずいぶん
自信ありげだな…
では　さっそく
ケアプランの
方ですが…
ざっと組んだ
感じ…
ヘルパー訪問が
月～日曜日で
短時間ですけど
1日3回！
内容は
食事や入浴
排せつのお世話や
衣類やシーツの
交換等…
私の見立てだと
このプランが快適だと
思われますね！
月々4万円位のご負担で
あなたもおじいちゃんも
快適になりますよ！
4万！
ギリギリ
払えなくもないけど…
介護にかかるお金って
こんなにいるもの
なのか？
でも介護のプロが
言うんだから…

おじいちゃん
これで もう
なーんにもしなくて
大丈夫ですよ
よかったですねー
気に入らん！
は？
気に入らんと
言ったんだ!!
あんたの
世話にはならん!!
帰ってくれ!!
オ…
オヤジ!?
人が親切で
言ってやってるのに
ボソ…
おじいちゃん
よーく
聞いて下さいね
ゆら…

おじいちゃん介護についてなんにも知らないでしょ！
プロの意見を聞いてればいいんですよ！
じゃないと ロクな生活できませんよ！
うるさい！
ふー
息子さん
私のケアプランで契約書を作ってきますから
それまでにちゃんとわからせておいて下さいね
では書類ができたら連絡しますから
は…はい！
オヤジ…
ちょっと感じ悪い人だったけど今はそれどころじゃないんだから…
フン
うまくいかねぇなぁ…
はぁあ

ブゥブゥラ・・・
な・・・
なんだ!?
ばっ!
オ・・・オヤジ!!
何やってんだ!?
ずる・・・
ずる・・・
トイレ・・・
ブラララ
トイレ!?
動けない時用に
しびん用意したろ

病気でもないのに使えるか！
ブゥ…
はやく寝ろ明日会社だろ
あんなうめき声出されて寝れるかってんだ
こっちの事も考えてほしいわ
5日後――
ボロッ…
やばいな…クマができてる
毎晩あのうめき声に起こされたらこうなるか…
しかも夜トイレが近くて2時間おきに起こされる…
軽く頭痛がする…
このままじゃ体がもたなくなるな…
ズキッ…

オヤジは痛みのせいで メシも ろくに 食べなくなったし…
全然連絡がないけど
ケアマネジャーさんは 何をやってるんだろう ……
はぁぁ..
痛だだだだだ
オヤジ！大丈夫か!?
……
どうみても 腰痛が悪化してるよな…
ヴう..
ずっとこんななのか…？

ずっと こんななら
死んだ方が
マシかもしれん…
…………
ズキン
くっ…
と…
とりあえず
救急車を…
…………いや
病院に行っても
また腰痛って
言われて
帰されるだけ…
ビクッ
!?
会社から電話!?
ブルルル
ど……
どうした?
どうしたじゃないですよ
今日はA社の方が
契約に来る日ですよ!!

そんな……
契約は木曜
じゃ…
寝ぼけないで
下さいよ
水曜って言ったの
課長ですよ
日月火水木
すまん!!
すぐこれから…
ムリだ
こんな状態で
放っておくなんて!!
すまん 一旦切る
すぐかけ直す
から…………
え…
課長…
ケアマネジャー
さんなら…
きっとこの状態を
なんとかしてくれる
はず……
ピッ
裏原さんですか!?

この電話番号は現在使われておりません
!?
通じない!?
なんで!?
ズキーン
一体どういう事だ!?
どうする!?
どうしたらいい!?
ずっとこんな事をくり返すしかないのか!?
ピンポーン

誰だ⁉
こんな時に‼
ガチャ
はじめまして！
前任の裏原から
担当替わりました
ケアマネジャーの
「姫吉《ひめよし》」と言います
新しい…
ケア
マネジャー？

解説3

ケアマネジャーの選び方・替え方

頼りになるケアマネジャーは、今後親を介護するうえでとても心強い存在になるはず。何をポイントに選べばいいのでしょう？

一覧表を眺めてボーゼン？

支援や介護が必要と認定されたら、次に行うことは「ケアプラン」の作成です。ケアプランとは、心身の状況などを勘案して作成する介護サービス計画書です。

介護保険の申請をして「要支援」と認定されると地域包括支援センターがケアプランを作成します。一方、「要介護」と認定された場合には、ケアマネジャーが作成することになります。

「ケアマネジャー（通称：ケアマネ）」の正式名称は「介護支援専門員」。介護を必要とする方やその家族の相談にのり、心身の状況などに応じた適切な介護サービスをコーディネートする専門職です。指定居宅介護支援事業所と呼ばれる民間の事業所に在籍しています。

介護認定で、「要介護」の認定がおりると、自治体から、ケアマネが在籍する事業所の一覧表を渡されます。この一覧表を手にして、ボーゼンとしてしまう人が多いようです。

なぜなら、どこを選べばいいか分からないから…。不親切と思われるでしょうが、行政は中立の立場なので、個別に推薦するわけにはいかないのです。
結局、親の暮らす住所地に近い事業所を選ぶ人が多いようです。今後、何かあったときには駆けつけてもらわなければならないので、それ自体は悪い選択ではないと思います。

ケアマネの基礎資格や併設事業所の種類も参考に

距離的に「近い」ということ以外に、選択の基準はあるのでしょうか。
そもそもケアマネになるには、医師、歯科医師、薬剤師、保健師、看護師、理学療法士、作業療法士、社会福祉士、介護福祉士などをはじめとする保健・医療・福祉サービスの一定の実務経験があり、試験に合格した後に実務研修を修了することが必要です。と、書くと分かるように彼らはもともと何らかの基礎資格を持ち、その職業に従事していました。
例えば看護師出身のケアマネであれば医療面の知識があると推測できます。介護福祉士として訪問介護に携わっていた経験があれば、生活面の知識が深いといえそうです。
利用者側に具体的な要望があれば、それをもとに探すのも一案です。地域包括支援センターに、「こういう資格を持つケアマネさんにお世話になりたいのですが、どこの事業所にいらっしゃいますか」と相談してもいいでしょう。

また、「親が入院していた病院に併設する指定居宅介護支援事業所のケアマネにケアプラン作成を頼んだところ、医療との連携がスムーズで助かった」という声を聞くこともあります。

指定居宅介護支援事業所には併設しているサービスのない「独立型」と、何がしかのサービス提供事業者に併設している「併設型」があります。併設型の場合、併設している事業者は病院や訪問看護事業者などの「医療系」と、訪問介護事業者やデイサービスなどの「介護系」に分かれます。

併設型は、併設しているサービスの特色をよく理解しているメリットがあります。ただし、併設事業者が提供するサービスばかりをケアプランに組み込む傾向もあり（商売としての囲い込み）、それが度を越すと不満の声につながることもあります。

人間同士の関わりだから相性も大事

ケアマネを選ぶ際、基礎資格や所属する事業所の併設サービスは確かに参考になると思います。けれども、それはあくまで表面上の情報です。資格を持っていても人間同士の付き合いなので、「相性」が悪いと良好な関係を築くことができません。親本人だけでなく、介護者となる子との相性や話しやすさもポイントといえるでしょう。

ケアマネを選ぶ際は、聞かれたことに答えるだけでなく、不安に思っていることや日常生活のささいな気づきなども積極的に話すようにしましょう。そうして相手の対応を見ながら、ケアマネを見極めていくことが重要です。

ダメな場合は替える！

しばらく付き合ってみて、こちらの言うことに耳を傾けてくれないなど納得できないことが多ければ、ケアマネを替えることも検討しましょう。正造さんの最初のケアマネのように横柄な態度で「おじいちゃん」などと呼ぶ人も困ったものです。

とはいえ、面と向かって「あなたはダメ。もう来ないでください」とは言いにくいですね。角も立ちます。そのようなときは、事業所に電話して、「相性が悪いので、他のケアマネさんに替えていただけませんか」と言ってみましょう。同じ事業所に、「姫吉さん」のように頼りになるケアマネが在籍していることもあります。

あるいは、事業所そのものを変更することも可能です。地域のクチコミが参考になる場合もありますし、地域包括支援センターに相談してみるのもいいでしょう。ケアマネを変更できることは、介護保険制度で定められていることです。遠慮せず行動に移し、ストレスをため込まないようにしたいものです。

新しいケアマネジャー…
さん？
前任の裏原から今朝 急にケアマネを辞めると
連絡《メール》が入りまして
渡瀬さんが大変な事になってると思い連絡も入れずすぐにこちらに…
なん…すか
それ…
すいませんっ
ケアプランの適当な見積りとか…
連絡も禁止されている個人の携帯からしていたようで発覚が遅れました…本当にすいません！
ペコ
ぺこっ
痛だだだだ
こっちは今
れどころじゃ

第4話 ケアプランと介護サービス

整形外科・内科
森林《もりばやし》 保《たもつ》
またヒメキチか お前 どこにでも いるなー
ヒメキチは やめて くださいよ～ 正しくは ヒメヨシです～
あゔっ
…そうか 「往診」があったか
普段使った事 ないから 思いつかなかった
正造さん！ 整形の先生 来ましたから
診て もらいましょう！
正造さん！ ちょっと触らせて もらいますよ！
ここはどう？
大丈夫
ここは？
痛だだ!!

こいつは腰痛じゃないな…
はい
血液検査！
正造さん！痛み止めの注射うちますね
それから絶対安静にしてて下さいね
うん
うん
長男さん
前の病院からこの前運ばれた時のレントゲンと
診療情報提供書というのをもらってきて下さい
はははい
座薬と飲み薬を出しておきます
何かあったらすぐこちらに連絡を
ありがとうございました
すー っ
すー っ

そうだ!!
会社!!
タクシーなら
間に合う!!
ビクッ
ウウッ
あの……
さっき少し
気になったんですが
せか
せか
前のケアマネさんは
オヤジの事を
「おじいちゃん」と
呼んでたんですが
姫吉さんは「名前」で
呼ぶんですね
頭痛薬
はい
「おじいちゃん」って
呼ばれるのを嫌う人
多いですから
え?
「老人」と言うことばに
どんなイメージ持って
いますか?
衰えていく
早く動けない
体が弱い
病気がち
助けないといけない
…ですかね

そう 老人って
弱い者のイメージ
なんですよね
お年寄りは
自立して生きてきて
立派に子供も
育ててあげた
という
誇りを持って
います
それなのに
知らない人に
「おじいちゃん」と呼ばれ
老人扱いされる――
すると
プライドを傷つけられ
下に見られたと
面白くなくなるんです
そうか
だからあの時
オヤジはあんなに
怒っていたのか…

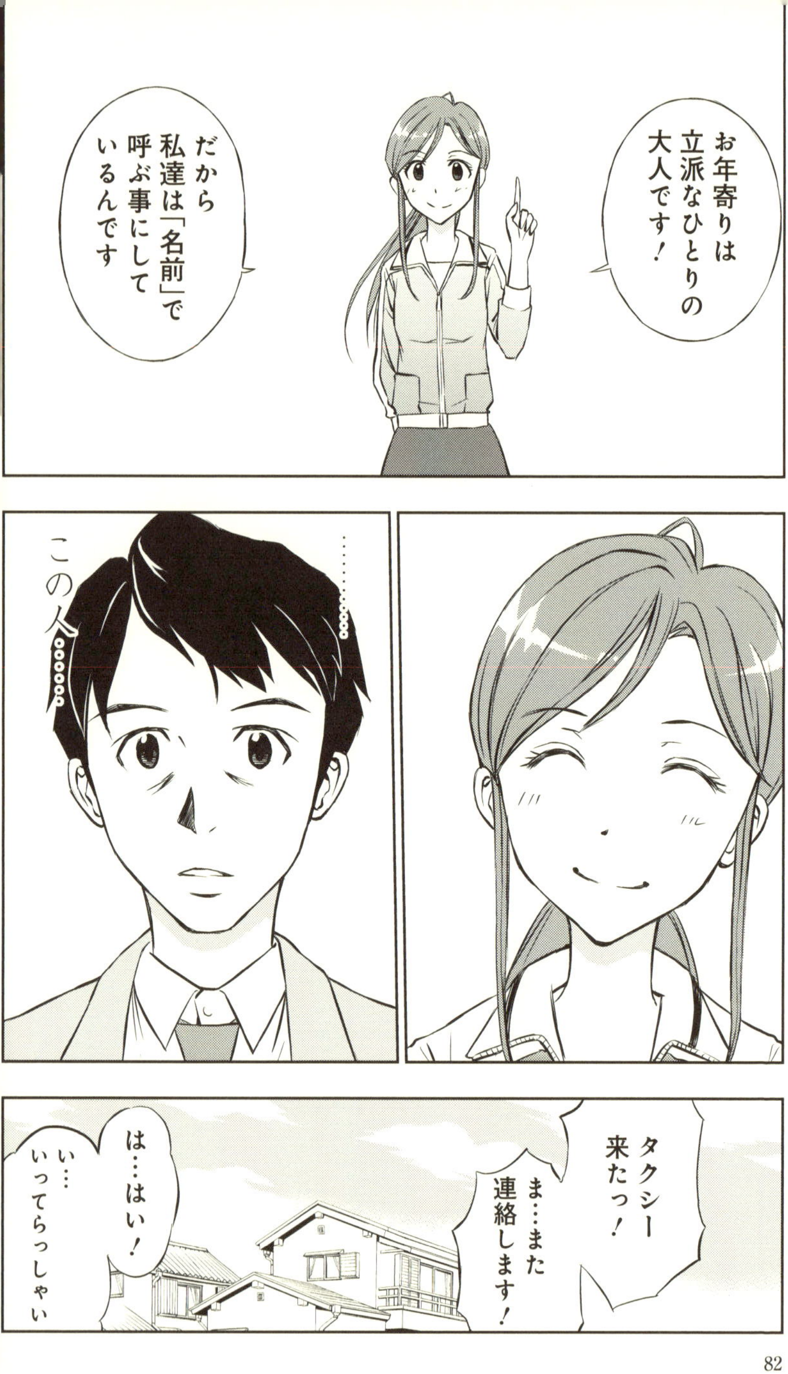
お年寄りは立派なひとりの大人です！
だから私達は「名前」で呼ぶ事にしているんです
……
この人……
タクシー来たっ！
ま…また連絡します！
は…はい！
い…いってらっしゃい

契約 なんとか うまくいった 部下に感謝だな
!?
ギョッ!!
何 やってるんですか 玄関で!!
いったい いつから いるん ですか?
え… あ さっき です!
今 変わった人 だなって 思いました?
よく言われるん ですよね… なんでですかね
えっ
……
私 かなり ドジな方なので
対応が悪かったり 仕事っぷりが 悪いと思ったら…… いつでも言って下さいね

「ケアマネジャー」は替えられますので
替えられる!?
はい　事業所に他のケアマネに変更して欲しいと言っていただければ替えられます
ケアマネさんはああいうものかと思ってたから何も言わなかったけど…
ああ…心の声がもれてる…
ところで渡瀬さん…
今の生活は辛くないですか?

介護ポイント

ケアプラン

要支援・要介護に認定された方が利用する介護サービスの内容を書いたものを「介護サービス計画書」といいます

自分でも作成できますがその場合は自分で市区町村へ届けなくてはなりません

一緒に？
はい！
介護はご家庭によって事情 状況が違うので
ご家族の方と相談しながら作成します
ケアプランができれば すぐにサービスを利用できるように動きます
この人……
もしかしてウチの事を心配して
ずっと玄関で待っていたのか？
信頼できる人かもしれない…
よろしくお願いします
もしかしたらこの人は…

では早速ですがケアプランを作成しましょう
最初に介護方針の目標を決めたいと思います
正造さんはどうなりたいでしょうか？
どうなりたいか？……ですか？
はい
身体的な事でも家事的な事でもなんでもいいです
長男さんの意見でも大丈夫です

入院する前のように
ひとりで歩いたり
家事ができる状態に
戻してあげたいです
本人も そう
思っていると
思います
わかりました
では
その目標に添うような
介護内容に
しましょう!
グッ

自宅で介護する時
「居宅介護サービス」というのを利用する事になります
おもにヘルパーさんに来てもらったり日帰りで施設に通って介護を受けたりするものです
まずその費用についてなんですが
居宅介護サービスを利用するとその支払いは…
〈支払い〉
保険
利用者
正造さんの場合9割を保険が負担してくれて
残りの1割を利用者の方が負担する事になります
つまり10万円分のサービスを使った場合
9万円を保険が払ってくれて自分は1万円だけ払えばいいんですね
1割負担でいいならかなりたくさんのサービスが使えますね
それがですね保険には「限度額」というのがありまして

限度額？
介護保険はひと月に使える金額が決まっているんですよ
その額は要介護度によって分けられています

介護ポイント

介護サービス利用限度額

〈居宅サービス１ヶ月あたりの利用限度額〉

要支援１	50,030円
要支援２	104,730円
要介護１	166,920円
要介護２	196,160円
要介護３	269,310円
要介護４	308,060円
要介護５	360,650円

2015年度

※1単位を10円として計算した場合の目安の全額です

限度額を超えてサービスを利用した場合
全額負担！
オーバー
限度額
超えた分は利用者の全額負担となります
なるほど！
限度額以内だと負担が少ないのか…

それをふまえて居宅介護サービスに毎月いくらかけますか？
お金か…無理すれば給料から4万までは出せるはず…
えっと…無理のない金額を考えてくださいね
介護はいつ終わるかわからない事ですから
無理をしたら家族の方が何年もツラい思いをする事になります
介護に一生懸命になりすぎて辛い思いをした人を何人も見ています

たしかに…
じゃあ…
2万円くらいですかね…
2万円ですね
ではこの金額を目安に考えますね
あ あとで変更する事も全然できますので
それで居宅介護サービスにはどんなものがあるんですか?
はい 通所サービスなど色々あるんですが
正造さんの場合ほとんど動けないので
ヘルパーさんに訪問介護をお願いしたらどうでしょう?
あ ほんとだ 色々ありますね

訪問介護
(ホームヘルプサービス)の内容

◆身体介護

利用者本人の身体に直接触れて行う介助

・排せつの介助(トイレのサポートやおむつ交換など)
・食事の介助(食べるサポート)
・清拭(タオルなどで身体を拭くこと)
・入浴の介助
・身だしなみの介助
・体位変換(ベッド上などで身体の位置や姿勢を変えること)
・移動、移乗の介助(ベッドなどから車いすへの移動)
・外出の介助
・起床と就寝の介助
・服薬の介助　等

◆生活援助

利用者本人の日常生活を支えるために必要な家事援助

・居室の掃除　・衣類の洗濯
・調理　・配膳、後片付け　・生活必需品の買い物
・薬の受け取り　・シーツの交換
・衣類の整理　・被服の補修　等

◆通院等乗降介助

利用者本人を車で病院などに連れていくための介助

・ヘルパーが運転する車(介護タクシー等)への乗車と降車の介助
・病院での受診手続きの介助　等

では 長男さんが一番心配な事から決めていきましょう
自分が会社に行ってる間の食事ですかね
なぜか食べてない時があるので
水
それと薬の服用意外に飲み忘れが多いので
薬て…
他に外せない事は…
しびんの洗浄 部屋の掃除 下半身の清拭 etc……
ずーーん
うーん 2万円ではムリですねぇ
そうですね… できる事はなるべく
家族の方にやっていただくと金額はおさえられます
例えば…
食事ですが…

朝食と昼食を長男さんに作ってもらって
昼は配膳するだけにするとか…
夕食の食材の買い物も長男さんが会社帰りにでも
何日分かまとめて買ってきておいてくれるとサービス額をおさえられます
24H
スーパー
24時間
なるほど！
それでいきましょう！
あでもムリだったら……
その時はすぐに変更しますから！

ケアプランできました！
では月曜から動けるように手配しますね！
ここまでプランを立てていただいてあれなんですが…
うちのオヤジがヘルパーさんを入れるのを嫌がってまして
これが 本人にとってもオレにとってもベストなのに
なんで嫌がるのか…
それは嫌だと思いますよ
え!?

参考文献 和田秀樹著「困った老人と上手につきあう方法」宝島SUGOI文庫

あの！
すっ
正造さんを
説得するの
私にまかせて
もらえませんか？
月曜まで
4日あります
それまでに必ず
説得して
みせます！

解説4 介護保険に欠かせない「ケアプラン」

ケアプランの作成は、ケアマネジャーに「おまかせ」してしまうのではなく、より良い方法を家族も一緒に考えましょう。

アセスメントで課題を分析

介護認定の認定結果をもとに、「いつ」「どのようなサービス」が「どのくらい必要か」を考えてケアプランを作成します。

作成に当たっては、「アセスメント」を行います。「課題分析」と考えるといいでしょう。まず、何が問題なのかを明らかにし、その問題を解決するためのカギを導き出します。そのうえで、本人はどういう生活をしていきたいのか、家族は本人にどうあってほしいかを話し合います。そして、「短期目標」と「長期目標」を定め、援助の方向性を計画していくのです。

家族の状況も伝えて

アセスメントを行っても、初めて会ったケアマネジャーには、どういうサービスが適切か判断できないこともあります。親の状況をもっともよく知っている家族がその内容にしっかり目を通し、遠慮しないで意見を言うことが大切です。家族が「おまかせします」という態度では、ケアマネも困りますし、より良いケアプランを作成することができません。また、ケアマネによっては、家族の状況を知ろうとしない人もいます。しかし、家族には家族の生活があり、仕事があります。それらを両立していくためのケアプランになるよう、聞かれなくても、家族の状況をしっかり話すようにしてください。

自宅に住みながら利用できるサービス

自宅に住みながら利用できる「居宅介護サービス」には、大きく分けて次のようなものがあります。

・ヘルパーなどに自宅を「訪問」してもらって受けられるサービス
・施設などに出かけて「日帰り」で受けられるサービス
・施設などで「宿泊」しながら受けられるサービス
・「訪問・通い・宿泊」を組み合わせて受けられるサービス
・「福祉用具」や「住宅改修」など環境を整えるサービス

親にとって、どういうサービスが望ましいかということをよく考えましょう。ヘルパーによる訪問介護サービスを利用すれば、独居、もしくは日中、親がひとりになるような場合でも、なんとか生活をしていけるケースもあります。

けれども、ヘルパーが訪問する時間は1日の内のわずかです。ひとりにさせておくことが不安だったり、あるいは高齢の親がその伴侶を介護しているようなケースでは、ずっとふたりだけにしておくと、疲れから元気な親まで共倒れしてしまうことがあります。そこで、施設に出かけてサービスを受ける「デイサービス」や「デイケアサービス」を週に数回組み込んで、介護者が休める日を設けることも検討しましょう。自動車による送迎付きなので安心です。

さらに、介護の負担が増してきた場合、あるいは介護者が出張などで不在にするような場合は、短期間、施設に宿泊する「ショートステイ」を利用することもできます。

ほかにも、介護用ベッドや車いすのレンタル、お風呂のいすなどを購入する費用の支給など、メニューは多岐にわたります。自宅の段差撤去や手すりを備える「住宅改修」もあります。

予算を明確にすることが大切

さまざまなメニューが用意されている介護保険のサービスですが、無制限に利用できるわけではありません。P90の表のように要介護度ごとに「1ヶ月の利用限度額」が定められています。限度額内であれば、利用者負担は所得に応じてサービスにかかった費用の1割または2割ですが、限度額をオーバーすると、超えた分は全額自己負担となります。

ここで大事なことは、いくらなら出せるかという予算を明確にすることです。

正志郎は自身の懐から月2万円の出費を覚悟しますが、まずは、親本人のお金を充てましょう。働き盛りの40代、50代の所得は、会社勤めであれば人生の中で最も高いとはいえ、一方で住宅ローン、子どもの教育費など出費のかさむ時期でもあるはずです。

親の介護という行為は子がすることが多いですが、それはあくまで親の自立を支援するために行うこと。親にお金があるなら当人が支払うのが原則です。

だからこそ、P23で述べたように、早い段階で、親の懐事情を知ることが大切です。月々の年金額はいくらくらいで、蓄えはどの程度あるか。親のゆとり資金があることが分かれば、もう少しサービスを増やすことができるかもしれません。結果、親の生活は快適になり、子の負担も軽減します。

逆に、親のお金だけでは不足することが予想される場合は、自分はいくらなら出せるかをしっかり検討します。あなたにも老後は待っているので、無理は禁物です。きょうだいがいる場合は、話し合って負担を分担することも必要でしょう。

第5話 介護事業所との契約

翌日——
木曜日 朝
おはようございます！
今日はいい天気ですね！
あんた誰じゃ？
私 新しいケアマネジャーの姫吉と申します
よろしくお願いします
名刺っ
ケアマネジャー
姫吉
ヒメキチ…
ケヤマネ？
帰れっ!!
ケヤマネにロクな奴はおらん!!

また明日伺いますね…
撃沈っ
ああやっぱり…
オヤジ…何もあんな言い方しなくても…
あの人前の人と違って悪い人じゃないぞ
昨日整形の先生を呼んでくれたのもあの人だし…
………
こりゃあまずいなぁ…
はぁ…
金曜日 朝――
おはようございま
帰れ!!ヘルパーなどいらん!!
明日また伺います…
はやいな2コマか…
キィ…

土曜日
朝──
おはようございますー
痛みはおさまってるみたいですねー
また あんたか！こりないヤツじゃな！
ワシはこれから寝るんじゃ帰ってくれ！
聞きましたか？お話してくれました！
はわわ
ぱあっ
結構 ポジティブですね…
あの…
夕方に また伺ってもいいですか？
？……ええ構いませんよ
オレ、会社でいませんけど…

〜〜〜
こんばんは——っ!
!
なんじゃ!また来たのか!
この時間に夕食だと伺って ちょっと様子を見に来ました
長男さんから許可はいただいて ます
むう…
それでは ちょっと失礼して…

しびん 洗って来ちゃいますね
!
何を勝手に!!
…………
…………
感謝なんかせんからな……
私が高校生の時ウチの祖父が正造さんみたいに
腰を悪くして動けなくなったんですけど

その祖父が言ってたんです
しびんの「小便」のにおいがして嫌になるって
…………
体を動かせないから
なんでも自分のまわりに置かないとならないですもんね
しびんも
ごはんも！
しびんを見ながらのごはんは
食欲落ちますよね私も嫌です！
……フン
じゃからヘルパーを入れろと言うんじゃろ

あはは バレましたか？
みえみえじゃ
ヘルパーは・・・ワシには必要ない！
すぐ動けるようになるしな！
ワシには……
それはおいておいて
今だけ しびんは片しますね！
ヒョイ
せっかく長男さんが作ってくれた「おにぎり」です
サッ
おいしく食べて下さい！

むしゃっ
んまい
日曜日——朝
もう
ギリギリだぞ
このままかせて
大丈夫か？
どうした？
何かとって
ほしいのか？
なんでもない
？
ピンポーン

おはよう
ございます～
ペコリ
あの…
説得 進んで
ないですよね？
ボソ…
どうせ 状況がよく
わかってないんだし
騙してでも…
…………
そうか…やっぱり
それは
やめましょう
たぶん
逆効果です
私に
まかせて下さい
「奥の手」を
使いますから
奥の手？

スッ…
正造さん
少し お話を
聞いて下さい
？
長男さんを
助けて
下さいませんか？

正志郎を助ける？
はい
長男さんが今家事を全部やっているそうなんですが…
ムリをされています
…………
仕事を夜遅くまでやって朝早く起きて家事をする…
こんな生活を繰り返していると長男さんは すぐ体を壊します
長男さんはしっかりした方です
体を壊すとわかっていてもやると思います
そうはさせたくないんです

だから
長男さんの
体を守るために
ヘルパーさんを
入れて下さい
お願いします！
帰れ！
あんたも　もう
来んでいい
オヤジ！

帰って早く
ヘルパーを入れる
用意をしてくれ
ヒメキチさん
あんた
ワシの様子と
・・・・・・
正志郎の様子も
見に来てたんじゃな
ヘルパーを頼むから
もう来なくても
平気じゃ
あんたにも
仕事があるじゃろ
あんたには
整形の先生を
呼んでもらった
借りがある
その借りを
返しただけ
じゃからな!

まさか奥の手が泣き落としとは思いませんでしたよ！
お年寄りには義理人情に厚い方が多いんです
だからいけるかな〜って…………
でもポイントはそこじゃないんですよ
え？
お年寄りの中には自分の事は自分でやりたいという人がいます
正造さんはそのタイプだったようです
だからヘルパーさんは必要ないと断っていたんです
……
腰の痛みもあって長男さんを気にかける余裕もなかったんでしょう
だから

「ヘルパーを入れるのは家族のためでもある」という事を
ちゃんと伝えればよかったんです
お年寄りだからわからないという事はないんですよ
時間はかかりますけど
……はい

介護ポイント
ケアプラン
居宅介護支援
事業者との契約
所在地 ○×区○
名称 集英ケア
代表者名 代表取締役 加山克彦
利用者
郵便番号 XXX−XXXX
住所 ○×区 ○× 1−2−34
氏名 渡瀬正造 印
03−△△△△−XXXX
代理人
XXX − XXXX
○○区 ○○5−6−
渡瀬正志郎 印
03−XXXX−XXX
緊急連絡先の交換と重要事項説明書個人情報利用同意書ケアプラン等の書類に同意・サインをすると契約は完了します
ケアプランに基づき介護事業者と訪問介護利用契約等を交わしはじめてヘルパーが来る事になります
では 明日からヘルパーさんが伺いますのでよろしくお願いします
こちらこそお願いします
介護が始まってからずっと肩にのしかかっていた〝何か〟が
少し軽くなった気がした

解説5 サービス利用を嫌がる親対策

「サービスなんか使いたくない」と親が言ったなら…？ 工夫をしながら、納得してもらう策を検討しましょう。

「他人の世話にはならない」と言われても…

正造さんはホームヘルプサービスの利用を頑なに拒否していました。実は、正造さんだけでなくサービス利用を嫌がる親世代はとても多く、介護を行う場合の最初のハードルとなることが珍しくありません。

子の言い分は…、

「介護保険料を払っているんだから、利用するのは当然の権利」『自分でできないんだから、人に助けてもらうしかないじゃないか」など。

一方、親の言い分は、

「他人が家に入れば、疲れるだけだ」「世話になるほど、老いぼれてはいない」など。

２０００年に介護保険制度が施行される以前にも、行政が行うホームヘルプサービスはあったのですが、「措置」という対応で、決定権は行政にありました。利用者からすると、

「世話になる」という引け目や負い目を感じやすい構造だったわけです。現在の高齢世代の中には、当時の感覚が強く残っている人が多いのかもしれません。

介護離職や虐待に発展することも

介護保険制度のスタートにより、「措置」から「契約」の時代へ。利用者がサービスを選択し、契約に基づいて介護サービスを利用する仕組みに変わったのです。

とはいえ、「考え方が変わったんだから」と親に説明しても、理解を得ることはなかなか難しいでしょう。

しかし、親が嫌がるからとサービス利用に踏み切らずにいると、介護者の負担は膨大になるばかりです。昔と違って、きょうだいの数が減り、シングルの人も増加。結婚していても、共働きが一般的となりつつあります。介護の手が少ない中、ひとりで頑張り過ぎると離職に追い込まれたり、健康を害したりすることにもつながりかねません。介護を一手に引き受けたストレスから、要介護者の虐待に走ってしまうようなケースすらあります。

親に納得してもらう方法

親にサービス利用を納得してもらうために、試行錯誤する子世代は大勢います。姫吉さんがしたように、泣き落としもひとつの方法ですね。

親世代は、子からあれこれ指示されることを嫌う傾向があります。そこで、親が信頼するかかりつけの医師から「ヘルパーさんに来てもらう方がいいですよ」と提案してもらって受け入れに成功した事例もたくさんあります。親によっては、「長男」に一目置いている人もいます。娘が勧めてもダメだったのに、長男が言ったらうなずいた、というのです。親の性格などを考え、誰の言葉になら耳を貸すかを考えてみてください。

また、ホームヘルパーを専門職と認めていなくても、看護師は「医療」の専門職と認める親も多いようです。まずは、訪問看護サービスを利用し、他人が自宅を訪問することに慣れてもらったうえで、ホームヘルプサービスの利用につなげるのも一案です。

こうした「奥の手」は、ホームヘルプサービスに限ったことではありません。施設に通ってサービスを受けるデイサービスの利用などにも使えます。

工夫をしつつ、親にとっても子にとっても生活がスムーズに運ぶよう、ケアマネジャーらと相談の上、適切なサービスを導入するようにしましょう。実際にサービスを利用しはじめると、まんざらでもないと感じる親が多いのも事実です。ヘルパーや施設の職員が家族よりも優しかったり、対応が丁寧だったりするからかもしれませんね。

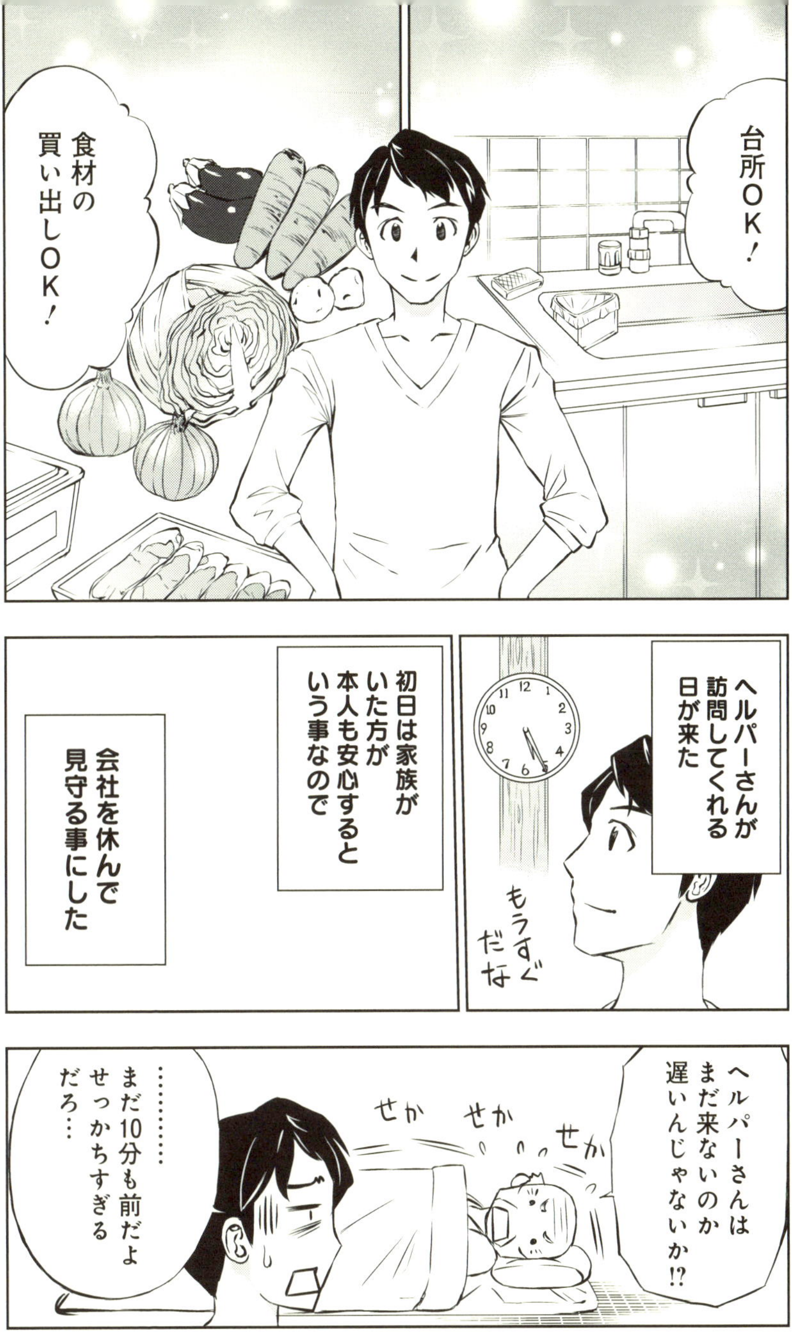
台所OK！
食材の買い出しOK！
ヘルパーさんが訪問してくれる日が来た
もうすぐだな
初日は家族がいた方が本人も安心するという事なので
会社を休んで見守る事にした
ヘルパーさんはまだ来ないのか遅いんじゃないか!?
せか　せか　せか
……………まだ10分も前だよせっかちすぎるだろ…

第6話 訪問介護員
（ヘルパー・ホームヘルパー）

ヒメキチの

介護ポイント

訪問介護員（通称 ヘルパー・ホームヘルパー）

高齢や心身に障害があるなどの理由で日常生活に支障がある方の家庭を訪問し介護サービスを提供する人の事を言います

訪問介護員は都道府県知事の指定する『介護職員初任者研修課程』を受講し修了証明書の交付を受けています

では まず料理（夕食）からしましょうか！
こちらに伺うのは料理上手の方ばかりですよ！
えーっと では いくつか質問を

正造さんはお食事は何がお好きなんでしょう
………え〜っと
前に聞いたんだけど
何でもいい
今イチはっきりしなかったんだよな…
ひとりの時「肉じゃが」とか食べてたみたいだしお年寄りの定番で大丈夫だろ…
和食ですね少しうす味で
嫌いな物食べてはいけない物は冷蔵庫に入れてないので大丈夫です

食べ物の「やわらかさ」はどうですか？
飲み込む力もありますし自分の歯もちゃんとあって噛めます
できれば形がしっかりあって少し噛みごたえがあるぐらいがいいかと
グルメ番組みたいですねー
わかりましたでははじめましょう！
調理道具や食器の場所とか教えて下さい
あはい！
はいどうぞ完成です

はぐっ
んまい
お口に合ってよかったです
食事のあとは薬の見守りですね
ウチのオヤジは痛み止めの他に血圧の薬と胃の薬を飲んでいます
この袋の中に入れてあるので
○×薬局
夕食後には〝夕〟と書いてあるものから出していただければと
夕
処方薬
あのですね…

この状態だとヘルパーは薬をお出しする事ができないんですよ
え
なんでです？
薬の出し間違いがあった時
責任を取れないという事もありまして
ヘルパーの「服薬管理」は禁止されているんです
薬を一包化（1回に飲む多数の薬をひとつの袋にまとめる）にしてあったり
ケースの中に出してあればヘルパーも扱う事ができます
〈一包化〉
〈ケースに入れた場合〉
わかりましたそうしておきます
他にもできない事があるのでお伝えしますね

ヘルパーのできないこと

直接本人の援助に該当しないこと

×利用者本人が使用する居室以外の掃除
×利用者本人以外の洗濯・調理・買物・布団干し
×自家用車の洗車・清掃
×家業の手伝いや来客の応接（お茶・食事の手配等）
×草むしり・花木の水やり・ペットの世話

日常的に行う家事の範囲を超えること

×家具や電化製品の移動 修繕 模様替え
×床のワックスがけや窓のガラス拭き 年末等の大掃除
×正月のおせち料理など特別な手間をかけて行う調理
×植木の剪定
×預貯金の入・出金の代行

医療行為

×胃ろうチューブやカテーテルの洗浄
×床ずれの処置
×巻き爪等変形した爪の爪切り
×医学的判断が必要な傷の処置
×本人の口を開けさせての服薬介助
×本人の代わりに医師に説明する または説明を受ける
×一回分の薬の取り分けや処方された薬の仕分け
＊一定の研修を受けたヘルパー等は 一定の条件の下で
たんの吸引や経管栄養などの特定行為を実施できます

はぁ…
色々と細かく決まってるんですね…
では最後に下半身の清拭をしますね
これで今日のサービスはおわりになります
ありがとうございました
えっと…それでですね
介護日誌と言うんですが
最後にヘルパーがこちらを記入していきます
渡瀬　正造　様
集英ケア
XXX-XXXX

訪問介護活動簿
これにその日の正造さんの体調や様子などを書いて
皆で状態の情報を共有します
それとヘルパーがその日何のサービスをしたのか
わかるようになっています
食事介
清拭
例えば今日だと
食事・清拭・服薬介助にチェックが入っています
157/18
ご家族の方には仕事から帰ってきた時に
確認していただけたらと思います
なるほど
オレがいない時何があったかわかるんですね

では また明日 よろしく お願いします
人手不足も ありまして 毎日違う人が 来る事になりますが
休日 祝日も 休まず来ますので よろしくお願いします
ありがとう ございました
よかった… とりあえず 問題はない みたいだな…
そして 1週間がたった 朝――

まずい
は？
ヘルパーさんの作るメシがまずいんじゃ!!
だって「うまい」って言って食ってただろ
目の前にいたから言わなかっただけじゃ

まったく
ヘルパーってのは
普段何を
食ってんのか！
あんな物
食べてたら逆に
体が弱るわ！
あれは親がロクな物
食わせてないから
あんな舌になるんじゃ
親がロクな者じゃ
ないんじゃな！
……………――――……
グチ
グチ グチ
グチ グチ
グチ グチ
あのなぁ
口に合わない
日があったかも
しれないけど…
そんな風に
人の事を悪く
言うもんじゃないぞ
なんじゃお前！
向こうの肩を
持つのか!!
いや…そういう
事じゃなくて…

親の敵に回るとはこの親不孝者め!!
親が人の悪口言ってんのが
気分悪いって言ってんだよ!!
イラッ
年をとったら丸くなるって言うだろ!
少しは丸くなれよ!!
まったく…
けど料理が口に合わないってどうしたらいいんだ?
ヘルパーさんに今みたいに言わなきゃいいけど…

翌日――
その予感が的中する事になる
ピリリリリ
はい渡瀬です
ピッ
ヘルパーの井崎ですが
正造さんがですねたいそう怒られまして…
ギクリ…
「まずい物ばかり作って…ちゃんと仕事しろ」とか
「金を払ってまずい物作られたらたまらん」とか言われまして…
すいません…本当にすいません
ペコ
ペコ
それはいいんですが

食べるのを
拒否されました…
薬の服用が食後なのでどうしたらと…
一応 たくさんの水で飲むように言ってみて下さい
嫌がったら仕方ないのでそのままで…
ピッ
はぁ…
チン
まずくない
うす味だしオーダー通りだ

わからない
一体何が
いけないんだ？
翌日――
こんにちはー
お邪魔します！
介護ポイント
モニタリング
月に1度
ケアマネジャーが
利用者の状態や
サービスが適切に
行われているかを確認
しにきます
利用者のニーズが満たされて
いない場合は
ケアプランの見直しを
行います
正造さんの
腰の状態は…
特にかわりは
なしと…
それで
ヘルパーさんから
聞いたんですが…

正造さんが食事をとらないと…
お口に合わなかったんですかね？
お年寄りの定番の和食で味つけもうす味で…
おいしかったですし料理に問題はないかと
最後にはヘルパーさんにあたるようになりまして
まったく…年をとったら丸くなるっていうのに…
なーるほど

これから
お昼ごはん
ですよね！
献立 私が
考えていいですか？
え…
あ はい
ではヘルパーさん
調理の方
お願いします
は はい
…………？
一体何を作るって
言うんだろ？
―調理中―
ジュウウ
ジュウウ…
はい
お昼 できました

オムライス!?
正造さん
ごはんですよー
いらん
いつもと違うので
味だけみて
みませんか?
くん
はぐっ

んーまいっ!!
こういうのが食べたかったんじゃあ!
はぁ!?
オ オヤジ 本当にうまいのか? また気を遣って…
って聞いてねぇし
これはヘルパーさんが作ってくれたんですよ
本当か!
怒鳴って申しわけなかったなぁ
あんた料理上手じゃあ
ペコリ
いいえ お口に合ってよかったです
なんだよ…
和食とかうす味好きじゃなかったのかよ…

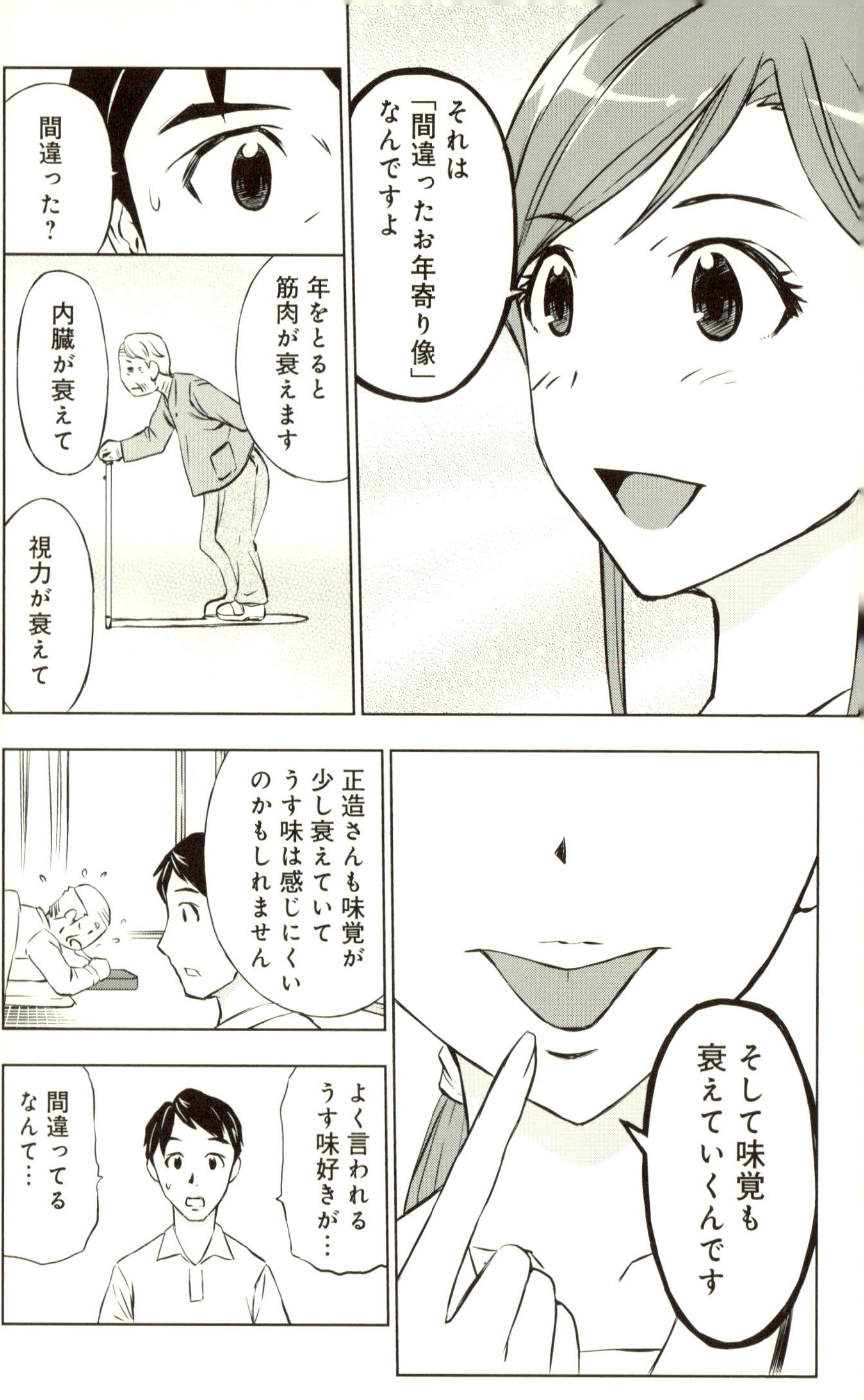

それは「間違ったお年寄り像」なんですよ
間違った？
年をとると筋肉が衰えます
内臓が衰えて
視力が衰えて
そして味覚も衰えていくんです
正造さんも味覚が少し衰えていてうす味は感じにくいのかもしれません
よく言われるうす味好きが…
間違ってるなんて…

お年寄りは食べ慣れた和食を選択しがちで和食好きと思われますが
若い人と同様色々食べたいんです
正造さんは血圧が高い方なので塩分の基準値内で
和洋中 色々食べて楽しんでいただきましょう
それともうひとつ
年をとると色々な事を悟り仙人のように穏やかな性格になると思っていませんか？
それもよく言われてますよね
もしかしてそれも!?
はい
「間違ったお年寄り像」です

その人本来の性格は年をかさねると強く出るんです
几帳面な人は今よりももっと几帳面に
頑固な人は今よりももっと頑固に
Hな人は今よりももっとHになるんです
人の目には丸くなったと映る方も
自分の考えを主張したりあれこれ言う気力が少なくなっただけで
「元の性格」は変わっていなかったりします
確かに昔から今みたいな性格でしたが…
人にあたる事はなかったんですが?

参考文献 和田秀樹著「困った老人と上手につきあう方法」宝島SUGOI文庫

オヤジも悪かっ……
ペコ……
おかわりっ！
ごめんなさい
それで全部
なんですよ
正造さん
ごめんなさい！
ヘルパーさんは
もう次のお宅に
行かないと
いけないので…
じゃったら
ヒメキチ
作ってくれんか
えっ!!!
は…ほい
特別ですよ
まずっ!!
戦後一番
まずいぞ!!
料理は苦手
なんですよ～
同じものを
使って
なぜこうなる!?
あははははは
ってか 皆さん
前頭葉
コントロールして
下さい～

解説6 さまざまな居宅介護サービスを上手に活用

介護保険にはさまざまなサービスが用意されています。要介護者のためだけでなく、介護者の「共倒れ」防止のためにも上手に活用することが大切。

月曜から日曜まで毎日サービスを利用することも

介護保険で利用できるホームヘルプサービスには2種類あります。「身体介護」と「生活援助」です。

「身体介護」は、利用者の身体に直接触れて行う排せつの介助、食事や入浴のサポートなど。一方、「生活援助」は、利用者の日常生活を支えるために必要な掃除、洗濯、調理、買い物など。どのようなサービスをどのくらい利用するかは、ケアマネジャーと相談して「ケアプラン」を作成して決定します。

P152の図表は、正造さんと同じ要介護4の男性Aさん（80代）のケアプランです。主に70代の妻が介護をしていますが、妻自身も高齢のため無理はできません。

そこで、ホームヘルパーがほぼ毎日自宅を訪問します。1回ごとの時間は30分未満と短いですが、日に2回の訪問の日もあり、妻は助かっています。週に2回は「生活援助」により、シーツ類の洗濯や、かさ張る紙おむつなどの買い物を頼み、家事の軽減につなげています。

訪問入浴サービスでリフレッシュ

火曜日の午後、Aさんは自宅に簡易浴槽を持ち込んでもらって入浴する「訪問入浴介護サービス」を利用。通常、看護師1名と介護職員2名が訪問し、入浴の介助を行います。入浴の前後には看護師により体温、血圧、呼吸、脈拍などのチェックが行われます。

要介護者を家族だけで入浴させるのは大変なことです。かといって、清拭だけではスッキリしないため、このサービスは利用者にも家族にもとても喜ばれています。

この他、Aさんは利用していませんが、訪問系のサービスには「訪問リハビリテーション」や「居宅療養管理指導」「訪問看護」があります。

「訪問リハビリテーション」は、理学療法士、作業療法士、言語聴覚士(注)などが利用者の自宅を訪問し、心身機能の維持回復や日常生活の自立に向けたリハビリテーションを行うものです。利用者本人と自宅環境との適合を調整する役割を担い、寝室からトイレへの移動、入浴や更衣といった身の回りの動作など、日常生活の動きがスムーズにできるように助言や指導を行います。

「居宅療養管理指導」は、在宅で療養していて通院が困難な利用者に対し医師、歯科医師、看護師、薬剤師、管理栄養士、歯科衛生士などが家庭を訪問。それぞれの専門性を生かした視点で療養上の管理や指導、助言などを行うサービスです。

共倒れしないためにも通いサービスは重要

Aさんは、金曜日のみ、機能訓練などを受けられる「デイケア（通所リハビリ）」に出かけます。Aさんは人付き合いが苦手で、当初はこのサービスに前向きではなかったのですが、夫がずっと家にいると、妻は自由に過ごせる時間を確保することができません。介護疲れから共倒れすることも懸念されます。

Aさんにとっても、家にばかりいる生活は刺激が少なく、寝たきりを助長することにもつながりかねません。かかりつけの医師から「デイケアに通ってごらんなさい」と助言されてサービスを利用するようになりました。

最初は不平を言うこともありましたが、施設では広い浴室で入浴でき、若いスタッフがにこやかに話しかけてくれることも楽しみとなりつつあるようです。今後は週2回に増やすことも検討中だとか。妻にとっても、金曜日は友人とランチをするなど息抜きの日となっています。

このケアプランで、1ヶ月自己負担おおよそ2万円。要介護4の利用限度額は約30万円なので、3万円を自己負担できれば現状の1・5倍くらいのサービスを利用することも可能です。

（注）
理学療法士：病気やケガにより、日常生活に支障をきたした人に対して、起き上がり、立ち上がり、歩行などの基本的な動作能力の回復をはかる専門職。PTと省略することも。
作業療法士：食べる、排せつする、着替える、身だしなみを整える、入浴するなどの日常生活動作の回復をはかる専門職。OTと省略することも。
言語聴覚士：言葉を話す、聞く、読む、食べ物を飲み込むなどの回復をはかる専門職。STと省略することも。

要介護4（在宅中心）のAさんのケアプラン

★身体介護 20〜30分未満……8回（週）…身
★生活援助 20〜45分未満……2回（週）…生
★訪問入浴介護……1回（週）…浴
★デイケア（通所リハビリ）6〜8時間未満……1回（週）…デ

自己負担は月約2万円（1割負担）

	月	火	水	木	金	土	日
午前	身	身	身	身	デ	身	身
午後	生	浴	身	生	デ	身	

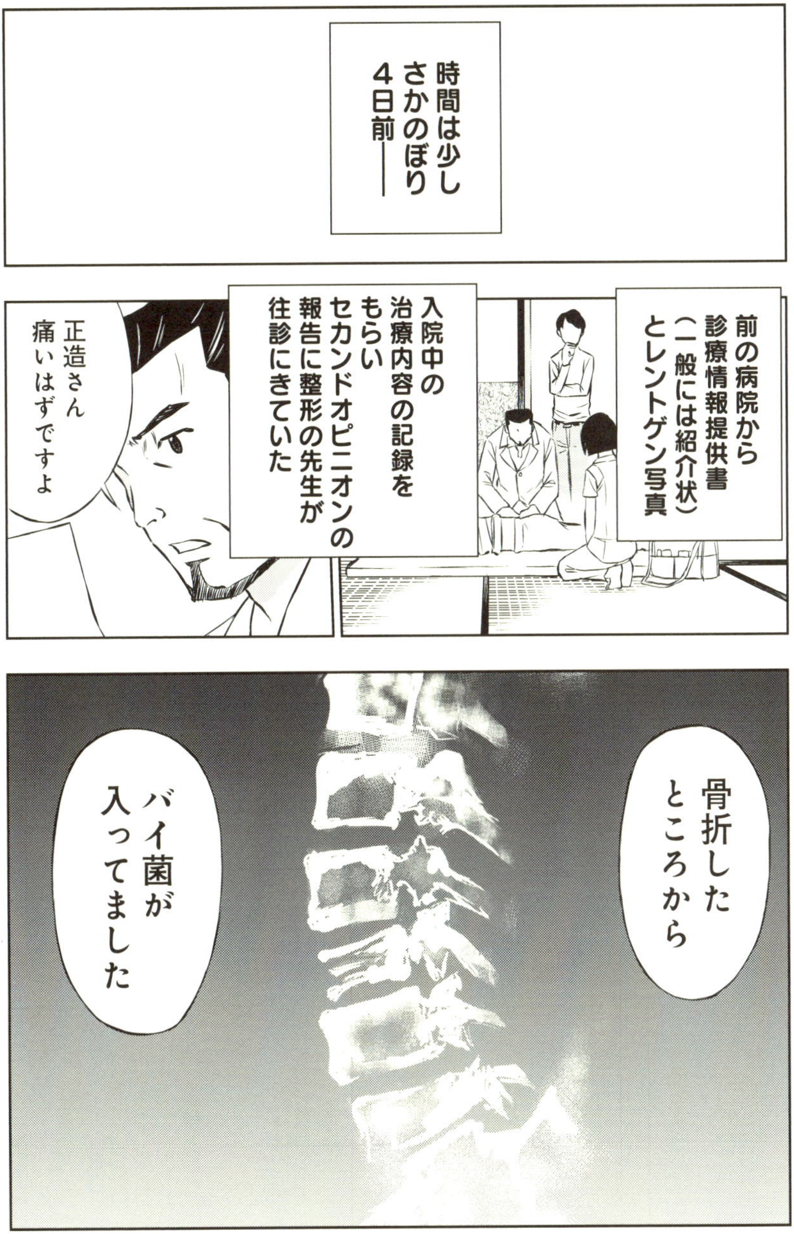
時間は少しさかのぼり4日前——
前の病院から診療情報提供書（一般には紹介状）とレントゲン写真
入院中の治療内容の記録をもらいセカンドオピニオンの報告に整形の先生が往診にきていた
正造さん痛いはずですよ
骨折したところから
バイ菌が入ってました

第7話 訪問診療・訪問看護

バイ菌!? 前の病院では気づかなかったって事ですか!?
ええ そのようです
これは脊椎炎《せきついえん》といって高熱や腰背部に激痛があったりします
抗生物質で根気よく治していくしかありません
それから もう治りかけてますが肋骨も骨折していたようですね
? 胸なんかぶつけた憶えはないんじゃがのう?
な…なんでそんな事に…

正造さんは
「骨粗鬆症《こつそしょうしょう》」になっていますね
骨粗鬆症は加齢などによって骨の密度が低くなる病気で
〈健康な骨の状態〉
〈骨粗鬆症の状態〉
とても骨折しやすくなるんです
骨粗鬆症になると
咳をしただけで骨折したりする事もあるんですよ
せ…咳で…
正造さんの骨密度は正常値をかなり下回っていました
正常値
骨粗鬆症
知らない間に骨折をしていてもおかしくないでしょう

…………!!
そんな状態なんですか…
放っておいたらまた圧迫骨折をする恐れがあります
うう…
先生……なんとかなりませんか？
では「訪問診療」で
週に1回骨粗鬆症に効く注射をしましょう

注射？
この注射は骨密度を上げる注射です
ただ 週1回 半年間続けてうたないと効果が出ないんです
…………
わかりました よろしくお願いします
正造さん 注射うちますね チクッとしますよー
いてっ
チクッ
では訪問診療の詳しい説明は看護師の方からしますんで
正造さん！ 絶対安静ですからね！
はい… わかりました
それから 痛み止めの飲み薬も出しておきますから 飲ませてください
はい… ありがとうございました

週1回の往診か
1回で5、6千円
かかってたな…
それが週1回
最低月2万
かかるのか…
仕方のない
事とはいえ…
では訪問診療の
お話を――
あ　はい
でも…
訪問診療って
往診の事
ですよね？
似ているよう
ですが　ちょっと
違うんですよ
往診とは
通院できない
患者さんの
要請を受けて
×病院
○×病院
医師がその度に
おとずれて
診療を行う事です
基本的には
突発的な病状に
対して行う
臨時の手段の事です

それに対して訪問診療は…
計画的に診療を行います
簡単に言うと
「毎週水曜日の11時に訪問して診察をします」
日 月 火 水 木 金 土
1 2 3 4 5 6
8 9 10 11 12
15 16 17 18 19
23 24 25 26
30 31
といった約束をして診療をします
その他にもいくつか特徴があります

ヒメキチの介護ポイント

訪問診療

「在宅療養支援診療所」という制度があります
認定を受けている診療所は次のような要件を満たしています

①24時間体制で連絡を受ける医師または看護職員を配置しています
②24時間体制で必要に応じ主治医または別の医師（連携医）が往診します
③看護職員との連携で24時間訪問看護を提供できる体制です
④緊急時に入院できる病院を確保しています
⑤他科の医師　歯科医師　薬剤師　理学療法士　ケアマネジャー等と連携しています

24時間サポート!!
それは安心ですね
それから訪問診療の料金の事なんですが
後期高齢者医療制度に入られてますよね？
はい

70歳以上の方 後期高齢者医療制度にご加入の方は
ひと月の医療保険の窓口一部負担金（支払う金額）には
上限が設けられていまして

対象者		負担上限額(外来)
1割負担	一般	12,000円
3割負担	現役並み所得者	44,400円

※さらに所得が低い場合は上限額が低くなります
正造さんの場合は…
ひと月 最高で「1万2千円」のお支払いになります

1万2千円！
それ以上かからないって事ですか？
はい毎日訪問したとしても ひと月1万2千円です
それは助かります
ホッ
それとケアマネさんとお話したんですが
正造さんは腰を痛めているので
全身の清拭（体を拭く事）は腰の状態をみながらできる…
「訪問看護」に
まかせた方がいいんじゃないかという話が出ていまして
訪問…看護…ですか

介護ポイント

訪問看護

看護師などが
利用者の自宅を
訪問し
主治医の指示や
連携により行う
療養上の世話や
診療の補助です

必要に応じて
理学療法師
作業療法師
言語聴覚士等が
訪問することも
あります

■療養上の世話
身体をふいて清潔にする
洗髪　入浴介助
食事や排せつなどの介助・指導

■医師の指示による医療処置
かかりつけ医の指示に基づく
医療処置

■病状の観察
病気や障害の状態　血圧・体温・
脈拍などのチェック

■床ずれ予防・処置
床ずれ防止の工夫や指導
床ずれの手当て

■在宅でのリハビリテーション
関節の固定化の予防や
機能の回復
飲み込み機能の訓練

■認知症ケア
認知症介護の工夫
相談にアドバイス

■医療機器の管理
在宅酸素　人工呼吸器などの管理

■ターミナルケア
がん末期や終末期などでも
自宅で過ごせるようサポート

■家族等への介護支援・相談
介護方法の指導ほか
さまざまな相談対応

■介護予防
低栄養や運動機能低下を
防ぐアドバイス

等があります

訪問看護の料金は時間制になっています
〈正造の場合〉
訪問診療　12,000円
訪問看護　3,500円前後
居宅療養管理指導料　500円ほど
月々の負担額　16,000円前後
正造さんの場合当院へのお支払いの合計はこのくらいになります
……？
この「居宅療養管理指導料」ってなんですか？
介護保険利用者の方には　こちらが必要になるんですよ
これは利用者や家族の方々にアドバイスをするサービスです
それとケアマネジャーやヘルパーに情報を提供し利用者をバックアップするものです
医師
情報共有
ヘルパー
ケアマネ
なるほど情報がわかってたら連携しやすいですね

では もろもろの
日時が決まりましたら
ご連絡いたしますね
ありがとう
ございました
あの…
はい？
正造さんの
排せつの件ですが
しびんで うまく
排尿ができていない
みたいですね
しびんが
間に合わないのか
残尿からなのか
わかりませんが
少しもらしていました
あのままだと
不衛生ですし
布団も汚れます
簡単に替えられる
介護用オムツを
使った方がいいと
思います
わかりました

オヤジ…しびん うまく使えてないのか？
看護師さんがオムツをつけた方がいいんじゃないかって…
ホントだ
プル
プル
プル
え
「オムツ」なんぞつけんぞ!!
あんなのは赤ん坊のするものだ!!
ああ…
クリ…
ガ
またか…

解説7

医療費や介護費の負担軽減制度とは

今後、親の医療費や介護費がかさんでいくのではないかと心配になりますね。軽減制度の利用によって、負担はグッと軽くなります。

知っておきたい4つの負担軽減制度

病気やけがをして、それをきっかけに介護が必要になると、医療費や介護費がたくさんかかるようになります。しかし、その負担を軽減する制度があり、どこまでも費用が膨れ上がることはないので過度の心配は無用です。知っておきたい制度を4種紹介します。

●高額療養費制度

医療機関に支払った医療費の一部負担額を合算して、自己負担限度額を超えた分について払い戻しされる制度です。世帯所得によって違いがありますが、75歳以上の一般世帯の場合、自己負担割合は1割。外来での自己負担限度額は月12000円、入院した場合は、月44400円です。同じ医療機関での同じ月の窓口負担が自己負担限度額を超えた場合には、窓口での支払いは限度額までとなります。

けれども、複数の医療機関を受診しているケースもあるでしょう。

例えば、外来の自己負担金がA医院10000円、B医院8000円の計18000円、さらに入院し40000円かかったとしましょう。それぞれでは自己負担限度額を超えていないので、そのまま支払うことになります。しかし、合計額は58000円なので「高額療養費制度」の対象になります。P170の図表のように計算がなされ、後日、13600円が払い戻されます。

両親ともに健在だったり、同じ世帯内に後期高齢者医療制度で医療を受ける者が複数いる場合は、病院・診療所、調剤薬局などの区別なく合算できます。「高額療養費制度」の対象となった場合、初回のみ通知がくるので手続きを行えば、次回以降は手続き不要で登録した口座に振り込まれます。

●高額介護サービス費

介護保険のサービス利用でかかる費用にも自己負担限度額が設けられています。1ヶ月の1割または2割の自己負担額の総額が自己負担限度額を超えた場合には「高額介護サービス費」として自治体から超えた分が支給されます。一般世帯の負担上限額は37200円です。世帯合算できるので、ひとりでは超えなくても、両親揃って利用しているような場合は超えるケースが少なくないと思います。

ただし、この自己負担額には、福祉用具購入費、住宅改修費、施設における居住費、食費、保険給付の対象外となるサービスの利用者負担は含まれません。対象となった場合、初回のみ通知がくるので手続きを行います。

●高額医療・高額介護合算療養費制度

先の2つの制度が月単位なのに対して、年単位での負担軽減制度が「高額医療・高額介護合算療養費制度」です。1年間に介護保険と医療保険の支払いが高額となった場合に利用できます。70歳以上の一般世帯の負担上限額は56万円。

同じ医療保険の世帯内で合算することができます。計算期間は、毎年8月1日から翌年7月31日までの12ヶ月間。払い戻しの対象になる世帯には2月頃、役所から申請書が届きます。

領収書を残して医療費控除も活用しよう

医療費の負担軽減となる制度に、「医療費控除」もあります。その年に支払った医療費が多額になった場合に税負担が軽減されるものです。

親の入院や通院の際の交通費（タクシー運賃など）、介護保険制度で提供される医療系サービス（訪問看護など）、薬局で購入する治療・療養に必要な医薬品代など対象となるものは多岐にわたります。判断に迷ったら、税務署に問い合わせてみましょう。

医療費の合計が年間「10万円」を超えた部分で上限「200万円」までが対象となります（その年の総所得金額が200万円未満の人は総所得金額の5％の金額）。家族の分も合算できますし、親を扶養親族にしている場合は、別居であっても子が合算して問題ありません。日頃から、領収書を残しておくことが大切ですね。

一般世帯のケース

外来の医療費合計が180,000円（A医院100,000円、B医院80,000円）で一部負担金18,000円、入院の医療費が400,000円で一部負担金40,000円の場合

外来

医療費18万円

9割 162,000円（後期高齢者医療負担）	1割 18,000円（一部負担金）

外来分18,000円〈外来一部負担〉−12,000円〈外来の自己負担限度額〉=6,000円①

入院

医療費40万円

9割 360,000円（後期高齢者医療負担）	1割 40,000円（一部負担金）

外来+入院=（12,000円〈外来負担〉+40,000円〈入院負担〉）−44,400円〈世帯の自己負担限度額〉=7,600円②

高額療養費支給額：①+②=13,600円

第8話　介護とは

という事がありまして…
またヘソ曲げちゃいました
あぁ…
「オムツ」を嫌う人は多いですからね…
ずーーん
そうなんですか
正造さんのように「オムツ」は赤ちゃんのもの大人が着けたら恥だ！とか…
「オムツ」を着けるようになったらお終いだとか
そういうイメージを持ってる方が多いですね

オムツを着けて くれたとしても
オムツに排尿 できない方も いるんですよ
え… なぜです？
もの心つく前から 〝しつけ〟で おねしょをしないように 育てられているので
それを くつがえすのは なかなか 難しいんですよ
それに おしっこで 「濡れている」という のはかなり 不快なんです
ちょっと なめてました オムツ問題…
じゃあ できるか わかりませんが… 説得して みますね
スッ

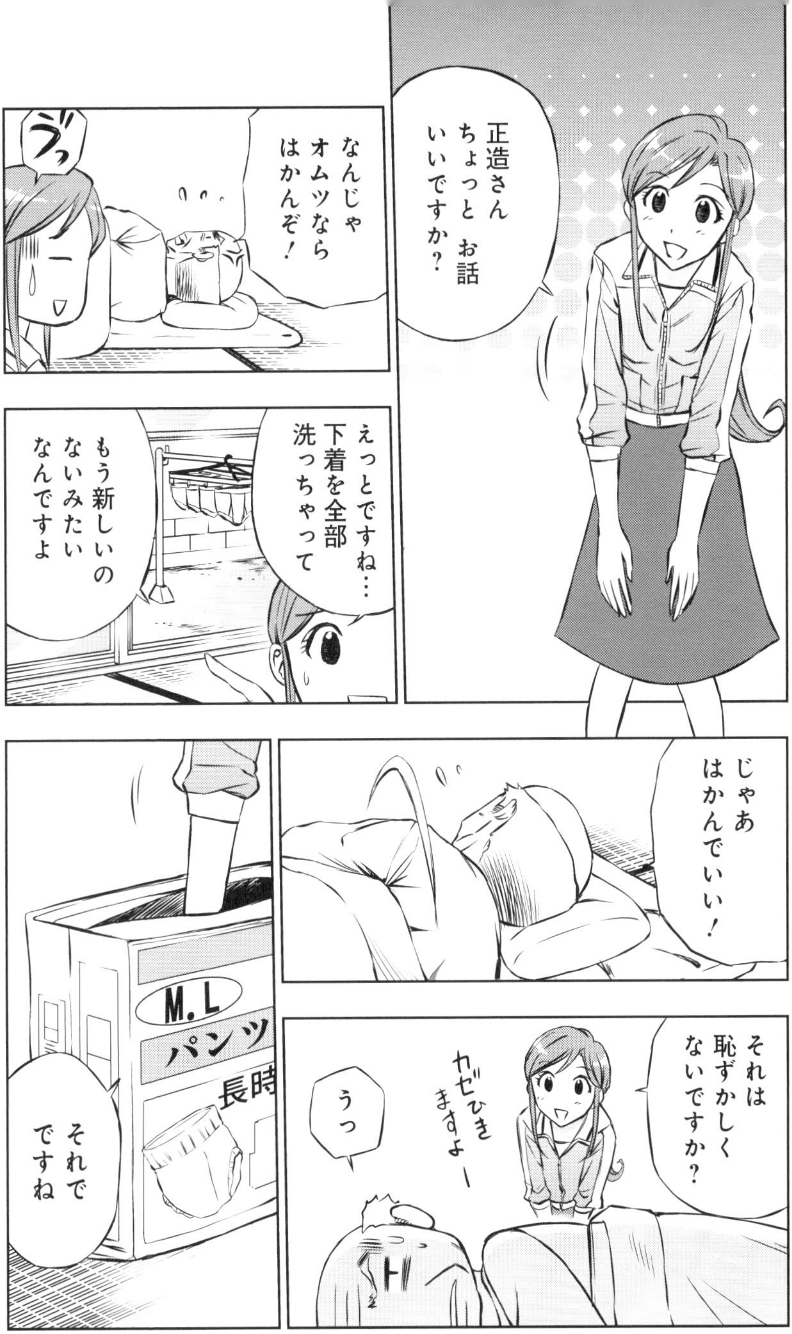
正造さん ちょっと お話 いいですか？
うっ
なんじゃ オムツなら はかんぞ！
えっとですね… 下着を全部 洗っちゃって
もう新しいの ないみたい なんですよ
じゃあ はかんでいい！
それは 恥ずかしく ないですか？
カゼひき ますよー
うっ
M.L
パンツ
長時
それで ですね

「紙のパンツ」があるんですけど
これを はいてみませんか？
え!?パンツ!?
言い方を変えただけ!?
さすがにそれはムリなんじゃ…
嫌じゃ
ほらやっぱりー!!
かゆいから
あれ？
正造さん「紙のパンツ」着けた事あるんですね？

病院にいた時
着けてたわ！
おなかの所のゴムが
かゆいから
嫌なんじゃ！
なるほど
ポン
正志郎さん
…………って
ありますか？
え？
あ　はい
じゃーん
「さらし」の
腹巻きです！
ほーう？
ちょっと試しに
着けてみて下さい
どうですか？

おおーっ
うすい布を
腹巻きのように
して
ゴムが当たる所に
巻きました
もし
これでも
違和感が
ある時は
肌着をオムツの
下に入れて
みて下さい
IN
これならかゆく
なさそうじゃ
ためして
みるわ
はい!

ぽか〜ん
…………
まさか品物の
呼び方でかわる
なんて…
大切なのは いかに
お年寄りのプライドを
保ってあげるか
という事です！
それと道具は
お年寄りが
使い易いように
してあげるのが
コツですね
なるほど…
これからは
気をつけます
ちなみに
市区町村の自治体では
「介護パンツ」の支給を
行っている所も
あります
ぜひ
ケアマネジャーに
相談してみて
下さい

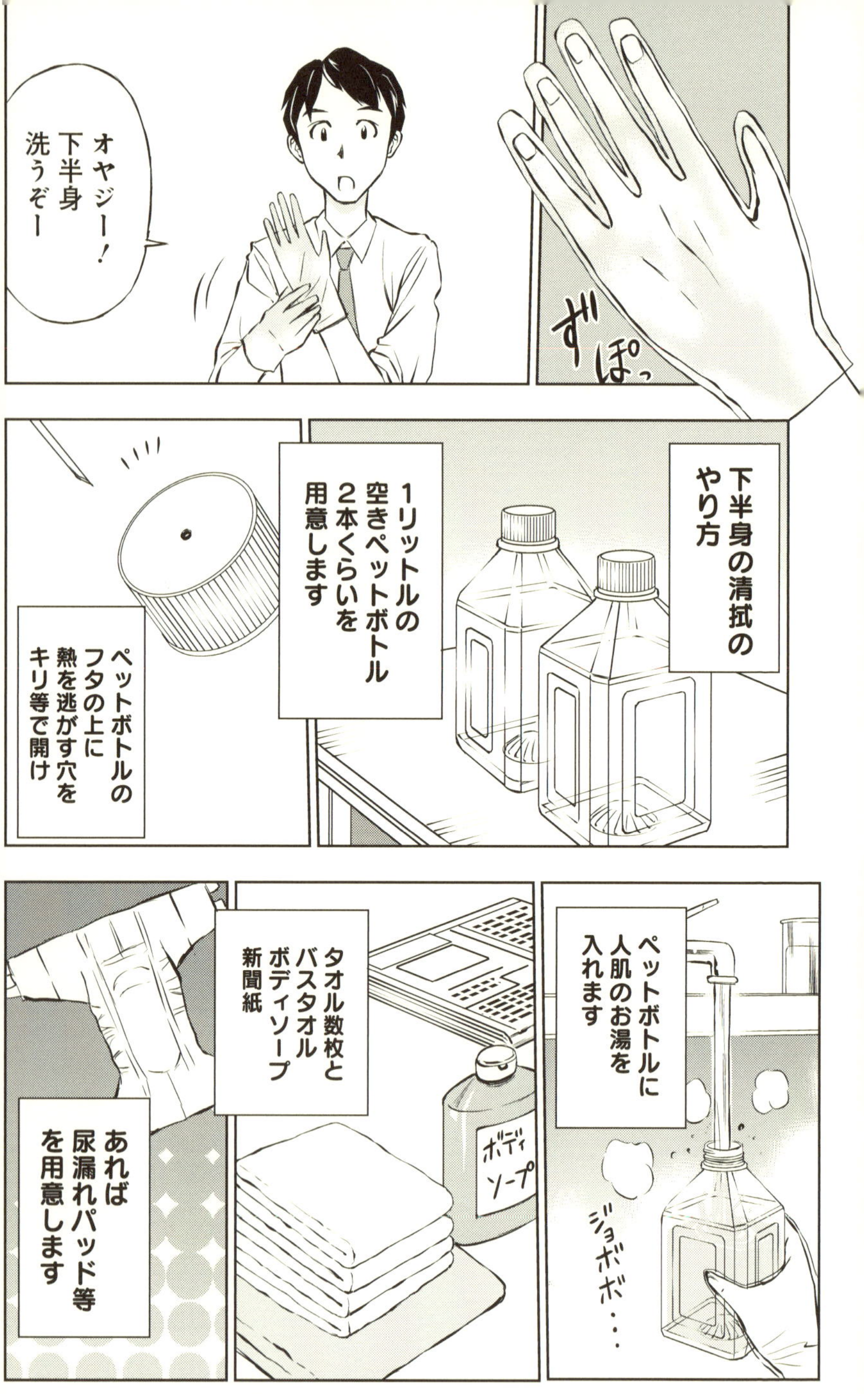

ずぽっ
オヤジー！下半身洗うぞー
下半身の清拭のやり方
1リットルの空きペットボトル2本くらいを用意します
ペットボトルのフタの上に熱を逃がす穴をキリ等で開け
ペットボトルに人肌のお湯を入れます
ジョボボ・・・
タオル数枚とバスタオルボディソープ新聞紙
ボディソープ
あれば尿漏れパッド等を用意します

※使わない時はこぼさないようにフタをしておきましょう。

すまんな
これから会社に
行くっていうのに
こんな事
させて…
いいんだよ
気にすんな
オヤジは
治す事だけ
考えてろよ
あとは何も
しなくて
いいからさ
…………
在宅介護も
50日が過ぎ
オヤジの体も
順調に
回復していた

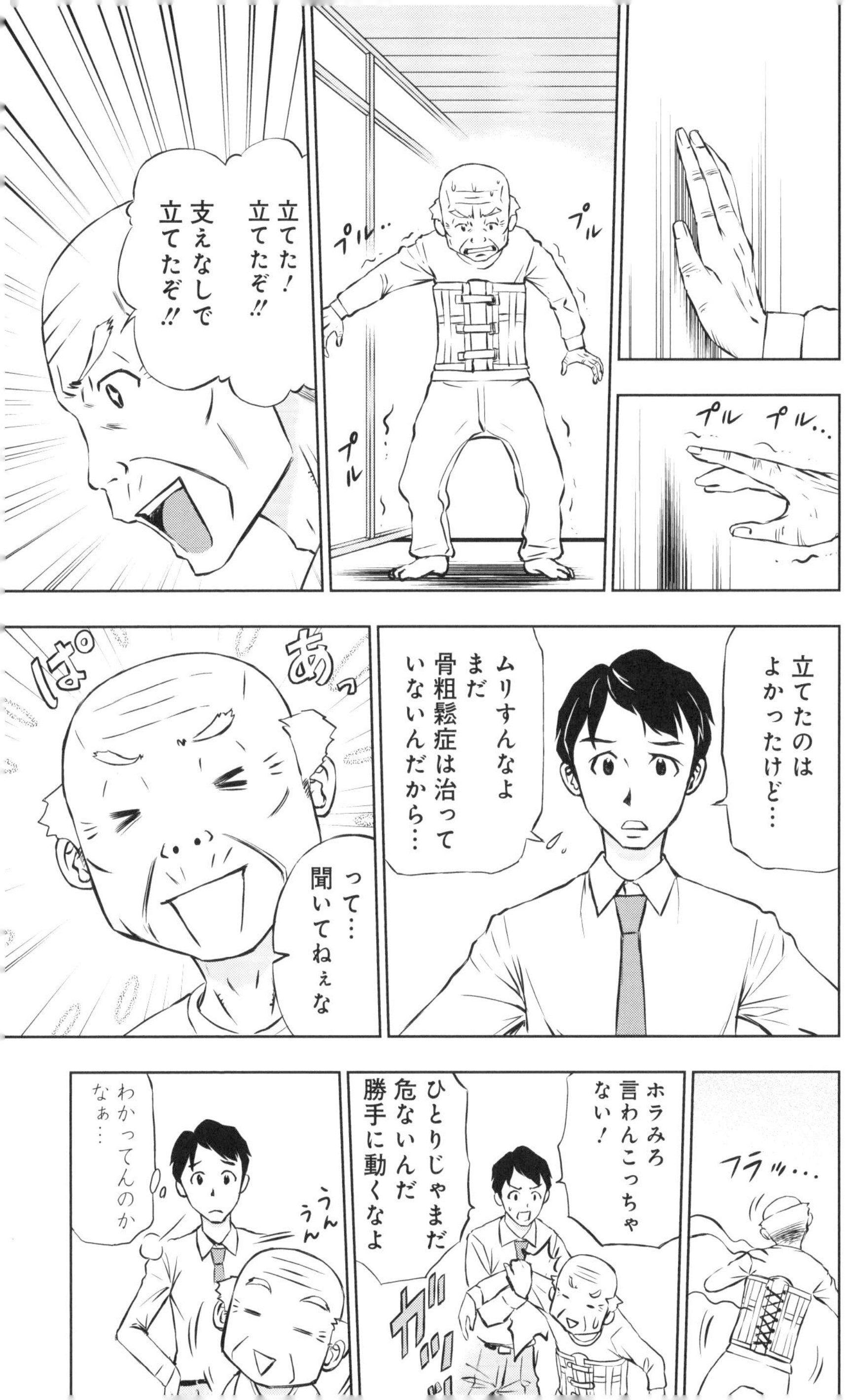
プル
プル…
プル
立てた！
立てたぞ!!
支えなしで
立てたぞ!!
立てたのは
よかったけど…
ムリすんなよ
まだ
骨粗鬆症は治って
いないんだから…
あっ
ぱ
って…
聞いてねぇな
フラッ…
ホラみろ
言わんこっちゃ
ない！
ひとりじゃまだ
危ないんだ
勝手に動くなよ
ガッ
うん
うん
わかってんのか
なぁ…

日曜日――
あれ？オヤジがいない…
トイレにでも行ってるのか……
!!
何やってんだ!!
ガラッ
グイッ
ふぬっ!!
ずるっ
ガバッ
危ねえ!!

何やってんだ!! 勝手に動くなって言っただろ!!
もの干しが高い所にあるから失敗しただけじゃ…
それに ワシはお前の為になると思って…
オレの為?
ふざけんな
全然できてねーし手間増やしただけだ!!
こんな事のせいでまた腰やったらどーすんだ!!
今までの苦労全部ダメにする気か!!
もう何もするんじゃねーよ!!
しゅん・・・

やりなおし
数字間違いだらけじゃないか！
すいません数字弱くて…
もう！私がかわりにやってあげようか
どれ
わーっ
マジすか！ありがとうございます！
コラコラコラコラ!!
ダメですよ
手を貸したらそいつのためになりません！
すいません……
ついつい心配になって手を出したくなっちゃうんですよ…

もう 澤柳《さわやなぎ》さんは過保護だなぁ……
……………
過保護…
すいません やっぱ自分の事は自分でします
正造さんは自分の事は
自分でしたいタイプのようですね
課長?
?

ただいまー
あれっ
この靴 たしか
ケアマネさんの
……
来てるのか？
ガチャッ
ジャブ
ジャブ

正志郎！
整形の先生には許可をいただいてます
見守りアリなら軽く動いてもいいと…
…………
もう 布団で横になってるよ…
しゅん・・・
オヤジ…
これからは洗いモノまかせるから

おう！
ジャブ
ジャブ
ずいぶんあっさり了承しましたね
ジャブ
ジャブ
……洗いモノなんかをあんなに嬉しそうにやるなんて…
それ見てたらオレが間違ってるんじゃないかなって思って…

お年寄りに何もさせないで
手を貸す事を押しつけるのは介護とはいいません
お年寄りが快適な生活をするために
手を貸すのが介護だと私は思います
それに 生活動作はお年寄りにはとてもいいんですよ
生活に必要な筋肉を無理なくつけることができますから
させられない事もありますが
みんなで一緒に見守っていきましょう！
はい…

介護は――
「年老いた親と成長した子」が
初めてむかえるイベントかもしれない
初めての事に向かうのだから
モメる事も失敗する事も
嫌な事もたくさんやってくる
だけどもちろんそれだけじゃない

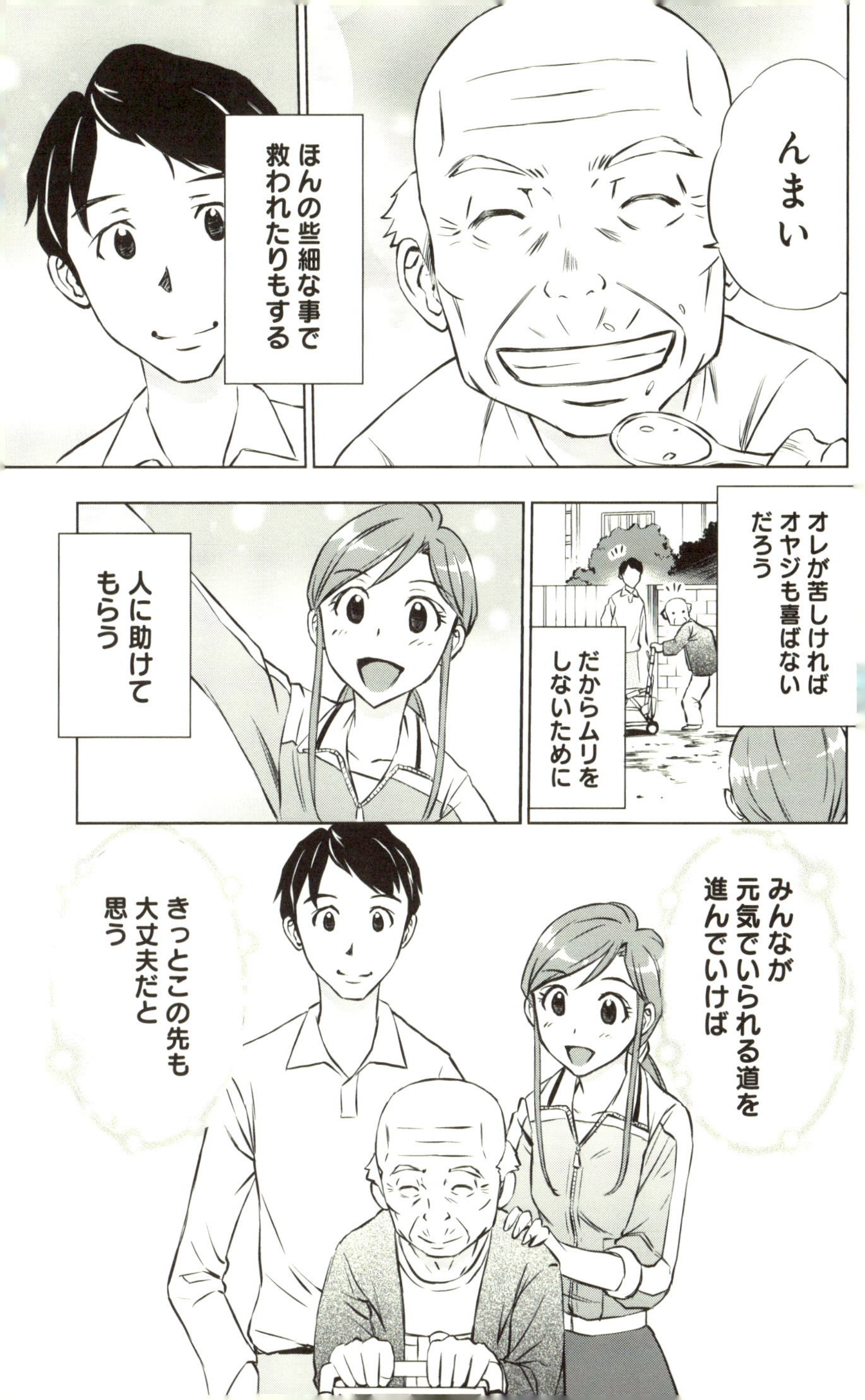
んまい
ほんの些細な事で救われたりもする
オレが苦しければオヤジも喜ばないだろう
だからムリをしないために
人に助けてもらう
みんなが元気でいられる道を進んでいけば
きっとこの先も大丈夫だと思う

解説8

無理のない介護をめざそう

親の介護を頑張りすぎて、子が体調を崩したり、離職に追い込まれたりしては本末転倒です。ときには自分の人生を優先して！

仕事は辞めない前提で

正造さんの状態は50日の在宅介護で随分良くなってきました。ただし、80歳という年齢や骨粗鬆症のことを考えあわせると、以前のように支援や介護を全く必要としない生活に戻ることは難しいかもしれません。

一方、正志郎は40歳の働き盛りです。責任ある役職に就いており、仕事を優先させざるをえない場合もあり、介護がままならなくなることもあるでしょう。そんなとき、どっちつかずの状況に悩み、仕事を辞めることを考える人もいます。実際、介護や看護を理由とした離職・転職者数は年間10万人を超えるという調査結果もあります。

しかし、仕事を辞めた場合、その後の生活設計はどうなるでしょう。何で収入を得るのか？　将来支給される年金額にも影響します。

冷静に考え、仕事を辞めずに介護をする態勢を築くことが大切だと思います。

自分自身の人生も大切に

働く人が、家族を介護するために一定の期間休業することができる「介護休業制度」があります。勤続1年以上であればパートや派遣を含めておおよその労働者が対象となります。期間は対象家族ひとりにつき、要介護状態になるごとに1回、通算93日まで。育児・介護休業法という法律で定められているので、勤務先に規定がなくても利用できます。大手企業では、半年や1年など法定以上に充実させるところも増えてきました。

93日という日数は短いと感じるかもしれませんが、サービスの態勢を整えたり、施設探しやその契約など仕事と介護の両立の準備をするための期間と位置付けられています。病院への送迎など1日単位で年に最大5日まで取れる「介護休暇」や「短時間勤務制度」もあります。勤務先の介護支援策はどのようになっているか調べてみましょう。また、在宅介護だけでなく、施設介護も選択肢のひとつです。「施設に入れる＝親を捨てる」といったネガティブなイメージを持つ人もいますが、そのようなことはありません。

親の介護は大切ですが、自分自身の人生をしっかり歩むことはもっと大切です。親も自分の介護のために、子が退職したり病気になることは望んでいないはず。情報を集め、正志郎のようにさまざまな人に助けてもらいながら無理のない介護をめざしたいものです。

マンガで知る！初めての介護
―大切な人に必要となったとき、最初に読む本―

2016年2月29日　第1刷発行

漫画	了春刀
監修・文	太田差惠子
発行者	加藤潤
発行所	株式会社　集英社
	〒101-8050　東京都千代田区一ツ橋2-5-10
	電話　編集部　03-3230-6141
	読者係　03-3230-6080
	販売部　03-3230-6393（書店専用）
印刷所	図書印刷株式会社
製本所	株式会社ブックアート

定価はカバーに表示してあります。
本書の一部あるいは全部を無断で複写・複製することは、法律で認められた場合を除き、著作権の侵害となります。
また、業者など、読者本人以外による本書のデジタル化は、いかなる場合でも一切認められませんのでご注意下さい。

造本には十分注意しておりますが、乱丁・落丁（本のページ順序の間違いや抜け落ち）の場合はお取り替え致します。
購入された書店名を明記して小社読者係宛にお送り下さい。送料は小社負担でお取り替え致します。
但し、古書店で購入したものについてはお取り替え出来ません。

©Haruto Ryo/Saeko Ota 2016. Printed in Japan
ISBN978-4-08-781598-6　C0095